NATIONAL
GEOGRAPHIC

NATIONAL GEOGRAPHIC

美国国家地理全球史

19世纪的世界

The 19th Century

美国国家地理学会 编著　　李恋晨 译

中国出版集团　现代出版社

Divan Japonai
75 rue des Martyrs
Ed Fournier
directeur

目录

概述 11

工业革命 13

档案：运输革命 38

社会冲突 51

民族主义的发展 79

档案：浪漫主义和民族主义 109

欧洲的权力斗争 119

档案：世界博览会 147

其余的强国 159

殖民扩张 187

附录 215

对照年表：欧洲，美洲，亚洲、非洲和大洋洲 216

国家领导人与政要 218

插图（第2页） 由欧仁·德拉科拉瓦创作的《自由引导人民》（*La Liberté guidant le peuple*）描绘了1830年的七月革命中的一幕（收藏于巴黎卢浮宫）。

插图（第4页—第5页） 这幅由卡尔·卡尔格瑞创作的油画还原了1875年的班诺霍夫西北火车站的场景（收藏于奥地利美景宫美术馆）。

插图（第6页） 亨利·德·图卢兹·洛特雷克为咖啡音乐厅“日本席位”（1892—1893年）创作的宣传海报，该海报中著名的舞者简·艾薇儿只是一位普通的观众（私人藏品）。

概 述

人们通常把19世纪称为“革命世纪”。之所以从革命的角度来解读19世纪，是因为该世纪各国政治不断地改变——由社会本身和世界经济所主导的转变往往通过残酷的甚至是暴力的方式表现出来。站在人口统计学的角度，人口激增的一大特色就是大规模移民。19世纪的“人口革命”[1]在为历史进程注入新的活力的同时，也导致了几个世纪以来从未改变过的社会结构的逐渐崩溃。工业化是19世纪的另一大现象。工业化始于英国，随后扩散至欧洲的大部分国家。各国在工业化过程中对资本的滥用，最终导致了以保护工人权益为主题的社会运动的爆发。18世纪后期的美国革命与法国革命中的政治和社会思想（这些思想主张天赋人权、自由与平等以及国家的自决与独立）促进了普选政策的推广和以“民族国家”为意识形态的新政府的形成。这些思想还主导了新国际秩序的建立，各国之间的联系从而更加紧密，最终形成了各国互相依存的状态。19世纪整个世界的政治、社会以及经济动荡不堪，我们大可将之归因于信息的迅速传播、扩张主义政策和欧洲与北美帝国主义的威压，这些也是该世纪的特征。

插图（第8页—第9页） 孟买（位于印度）的维多利亚车站，该照片拍摄于其落成两年后。

插图（第10页） 战神广场一隅，背景为埃菲尔铁塔及1900年世界博览会的展馆。

[1] 即人口过渡。——译者注

工业革命

由阿道夫·冯·门泽尔（Adolph von Menzel）在 1872 年—1875 年绘制的油画《锻造》（*Forge*）体现了工业革命期间的工厂能更好地完成制造工作（收藏于柏林国家美术馆）。

插图（右侧） 理查·特里维西克的机车是第一辆能够在两条铁轨上行驶的机车。奥托·斯帕默的（Otto Spamer）雕刻作品（1901 年）。

工业革命

19 世纪的世界经历了前所未有的人口爆炸。在此期间的欧洲也迎来了大规模的移民浪潮，人口的迁移伴随着工业革命。工业革命始于英国，随后扩散至西方各国，并对经济、社会结构以及人们的生活方式产生了深远的影响。

专家们所说的“人口革命”是指人口从高出生率和高死亡率向着中等出生率和低死亡率过渡的过程。在该过程中，我们可以注意到死亡率下降的速度要快于出生率下降的速度。导致出生率下降的因素有很多：经济因素（周期性的经济危机或土地所有权集中度的提高）、社会因素（对宗教的信心下降和生活水平的提高通常使人们倾向于寻求更舒适的生活方式以及改变曾经的习俗）。

然而专家们清楚地知道，人口爆炸的主要原因是死亡率的下降。现如今我们知道，人口爆炸现象有两个主要成因：首先是饮食变得更丰富、更多样化，其次是医

科学技术的进步

1775年

蒸汽机 詹姆斯·瓦特改良了托马斯·纽科门的纽科门蒸汽机，并制造了第一台蒸汽机。

1779年

骡-珍妮纺纱机[2] 塞缪尔·克伦普顿发明了一种纺织机，其生产的细纤经久耐用。

1803年

蒸汽船 人们将蒸汽机的驱动力用于船上。螺旋桨自1830年前后开始投入使用并普及。

1814年

蒸汽机车 乔治·史蒂芬生设计出了他的第一台蒸汽机车：这台机车于1825年以每小时39千米的速度行驶了40千米。

1844年

摩斯电报 在国会的支持下，塞缪尔·莫尔斯搭建了第一条连接巴尔的摩和华盛顿的电报线。

1869年

苏伊士运河 该运河的开凿使得往返于亚洲和欧洲之间的航船无须再绕非洲航行，从而缩短了两个大洲之间的距离。

疗和卫生的巨大进步延长了人们的寿命并使人口老龄化放缓了脚步。此外，婴儿的死亡率和产妇分娩后的死亡率也下降了。

尽管当时的城市相当集中并且工业化进程相当迅速，但卫生概念的引入逐步使公共基础设施得到了重大完善，这一点尤其体现在饮用水的供应和废水处理方面。此外，在过去的几个世纪中，曾系统性地重创人类、毁坏作物收成以及残害牲畜的流行病和瘟疫也得到了更好的控制。人类个体的健康和营养在这个过程中有了显著的改善。同时，运输的发展有助于商品供应系统的现代化，以便人们更有效地对抗饥荒。

但是，在世界范围内各国的人口增长量却是不平均的——欧洲和美洲这两个工业化迅速发展以及死亡率骤减的大陆，它们的人口增长量尤为巨大。19 世纪初的欧洲大约有 1.8 亿人口，到了该世纪末，这一数字变成了 4.01 亿。欧洲大陆内部人口增长量的分布也并不平均：整个欧洲的人口数量在 19 世纪翻了一番，其中以英国和德国的人口增长幅度最大。但是之前人口数量最多的法国，在此期间的人口增长量却低于邻国。尽管意大利和西班牙的人口在这些年间翻了一番，但它们的人口增长速度却也不及英国和德国。在所有的欧洲国家中，人口增长量最为惊人的是俄罗斯：该国的人口总数在 19 世纪上半叶翻了一番，在该世纪下半叶又翻了一番。这在一定程度上解释了该国的东扩以及其在整个世纪

[2] 即走锭精纺机。——译者注

19 世纪的移民潮

工业革命的爆发使得欧洲人口激增。移民潮由此引发：先是从农村到城市，然后是从一个大洲到另一个大洲。

人口压力。许多人背井离乡奔赴各地，要么是因为他们在欧洲的大都市难以找到工作，要么是单纯地想在别处碰碰运气。据今天的历史学家估计，约有4000万移民于1800年—1930年离开欧洲去往别的地区，而北美洲接纳了其中的很大一部分。英国和法国利用这股移民潮将那些不受欢迎的分子遣送出自己的领土：第一批人被派往南非和澳大利亚进行殖民活动，随后第二批人被派往阿尔及利亚。而葡萄牙人和西班牙人出于历史和文化原因，选择派人前往中美洲和南美洲。

对东南欧施加的压力。总而言之，19 世纪末的欧洲大陆总面积为 10530741 平方千米，不及亚洲大陆（44579000 平方千米），或是美洲大陆（42900000 平方千米）面积的四分之一。彼时欧洲的人口密度非常之高——据专家说，每平方千米高达约二十名居民。上述的人口现象，无疑从一定程度上造成了彼时欧洲的政局不稳定以及社会的动荡。没有任何一种社会秩序或政治体制能承受如此数量庞大的人口。旧日的政治制度、传统的国家体制和古老的社会结构已然不能再满足欧洲大陆上涌现出越来越多的新人口所产生的需求。这些新人口的产生使得重组现有社会结构以及更换新的生活方式变得迫在眉睫。

应许之地，丰饶之地

这幅广告（1870 年）试图吸引移民前往加利福尼亚（收藏于纽约历史协会）。

欧洲以外地区的人口

19 世纪的美洲是一片人烟稀少的大陆（站在古老欧洲的角度尤其如此）。根据人口统计学者的说法，北美洲在当时只有 600 万居民，而中美洲和南美洲的人口加起来也不过 1900 万人。但是美洲的人口在整个 19 世纪呈爆炸式增长：1900 年，整个北美（美国和加拿大）的人口数已经高达约 8100 万。尽管该大洲剩余地区的人口占比较小，但人口的实际增长量却不可忽视。19 世纪末，以欧洲移民为代表的外来人口使得中美洲与南美洲的人口总量增加到了 6500 万。

亚洲是地球上陆地面积最大的大陆，该大陆于 19 世纪初期在人口数量上有着绝对的优势。然而，就算拥有人口优势，该大洲的地位和世界的其他地区相比还是较低的。据估计，该大洲的人口数量在 100 年间从 5.75 亿上涨到了 9 亿。中国是亚洲人口数量最多也是人口增长量最大的国家，其人口数量在 18 世纪中叶至 19 世纪中叶翻了一番。清朝的经济繁荣是这一人口现象的重要成因之一。彼时，中国的人口爆炸使得一些国家颁布了禁止中国人过境的法律。不过从 1800 年起，中国人便不断地涌向东南亚、美洲和大洋洲的各个地方。

亚洲的另一大国印度的人口增长速度则要慢上许多，因为该国的高出生率被更高的死亡率抵消了。19 世纪的日本到了一个生死存亡的阶段，故而人口增长速度缓慢，不过 19 世纪中叶的明治维新扭转了该局面，日本的人口随之大大增加。

如果说我们在上文中所给出的关于 19 世纪亚洲人口的数据缺乏可靠性，那么有关非洲人口数据的真实性就更加不可靠了。根据一些专家的说法，19 世纪初，非洲的人口数量应该接近 1 亿，这个数字在 1900 年增加到 1.2 亿。而其他专家却认为我们应该更加保守地估计彼时非洲的人口数——那些年众多非洲人流的血不容忽视：持续了几个世纪的奴隶贸易以及经常光顾该大陆的饥荒、流行病和瘟疫都会造成人口的减少。非洲人口最多的地区无疑是与地中海盆地接壤的北部。19 世纪下半叶到来的欧洲殖民者为南非人口的增加贡献了一臂之力。但必须强调的是，非洲的 200 万主要人口仍旧是班图人占据主导地位的原住民，而以欧洲白人为主的 50 万人在这片大陆上仍旧是少数群体。

彼时的大洋洲是世界上人口最少的大陆。19 世纪初，该大陆包括其所有岛屿在内，总人口数不超过 200 万。但同样地，去往新西兰和澳大利亚开荒拓殖的欧洲殖民也为该大洲带来了大规模的人口爆炸。19 世纪末，这个“第五大洲”上的居民人数约有 600 万。

声势浩大的移民潮

19 世纪的人口爆炸伴随着巨大的移民潮。这些移民潮大都由人口稠密地区的过剩人口所组成，当然也有一部分人加入这股潮流仅仅是想为自己或是后代谋求更好的生活条件。这些从一个大洲迁往另一个大洲的人们从某种程度上来说使世界人口的分布恢复了平衡。

大部分移民是出于经济原因背井离乡的。发生在 1845 年—1850 年的爱尔兰大饥荒就是一个很好的例子。但也有一部分移民出于政治原因而选择离开自己的家乡。我们是否还记得 19 世纪的欧洲经历的持续不断的政权变化以及无数撼动其根基的革命？许多人因其政治或宗教思想被迫害，并不得不出逃以远离压迫和暴力。比如我们都知道，一些爱尔兰天主教徒为了不屈从于新教徒而移民至美洲；俄国沙皇发动的反犹骚乱迫使很大一部分犹太人逃往美国；数不胜数的西班牙自由主义者在斐迪南七世国王的压迫下出逃（后者废除了 1812 年的宪法并于 1823 年复辟君主专制），卡洛斯派人士、温和派人士、狂热分子、共和党人和无政府主义者也纷纷紧随其后，开始了逃亡以避免遭受政治迫害或牢狱之灾；大量的意大利人、波兰人和德国人同样也出于非经济原因不得已逃往别国避难。不论出于何种原因（但主要是出于经济原因），欧洲彼时的移民人数在世界范围内是最多的。越来越多的欧洲人因为难以找到体面的工作或是无法改善自己的生活条件而选择尝试去新世界冒险。此外，那些远离欧洲且人烟稀少的新国家也需要大量的劳动力，以确保经济的发展和对自然资源的充分利用——这合理地解释了为什么许多海外国家借助给予承诺或是抛出诱饵的手段吸引外来人口前来定居。一些国家甚至利用广告来吸引

迈向“应许之地”的欧洲移民

美洲大陆（尤其在19世纪下半叶）欢迎那些离开人口过剩的欧洲的移民前来寻找新的生活。美国是这些移民的最佳目的地：首先这片土地幅员辽阔（其中很大一部分仍亟待拓殖），其次工业化进程的加速增加了该地对劳动力的需求，更为重要的是，人们在加利福尼亚发现了金矿床。

19世纪初，人们开始成立第一批能够把欧洲和美洲连接在一起的汽船公司。这些公司的成立鼓励着成千上万的欧洲人将美洲这个遥远的大陆作为移民之地。对许多人而言，美国是一片充满机遇的土地，尤其是在1865年内战结束后，这场战争加速了美国的工业化进程。从大西洋海岸至太平洋海岸，建设一条连通整个国家的铁路线，需要大量的劳动力，故而就业的机会变多了。此外，客运和货运也随之更为便捷，人们因此能在新的土地上拓殖并发展。对美好生活的期盼立即带动了新一轮的移民潮。20世纪之初的美国接纳了3000多万的欧洲移民，其中包括1700万英国人、900万意大利人、600万德国人和400万奥匈帝国的人民或贵族。同时，加拿大也接纳了约700万的欧洲移民。

插图 《移民船》（1880年）是查尔斯·约瑟夫·斯坦尼兰创作的油画（收藏于英国布拉德福德艺术画廊与博物馆）。

移民。船运公司想方设法增加上船的人数以便更好地盈利也是个众所周知的事实。不过，鼓励移民们邀请自己的亲朋好友加入移民大军才是最好的宣传手段——他们的成功案例无疑激励着无数人离开祖国并在异国他乡开始新的生活。

应许之地

美国，尤其是19世纪下半叶的美国吸引了绝大多数的欧洲移民前来安家落户。英国人和爱尔兰人选择曾经属于或仍旧属于

英国皇室的地区作为其目的地。西班牙人、葡萄牙人和意大利人更倾向于向中美洲或南美洲的国家移民，不过，意大利人在19世纪后期开始向北美洲移民。

如果对整个19世纪从欧洲迁移到世界各地的人口总数加以估计，我们可以知道每年的人口流动量介于30000和40000之间。专家通过计算得出，在19世纪初到1840年这40年间，共有约1500000人离开欧洲大陆。然而，19世纪上半叶的移民活动大都非常不规律并且缺乏组织性。不过，自1850年开始，移民活动开

爱尔兰大饥荒与移民

工业革命也同样反映在农业上，让人们有可能获得更好的收成。但工业化根据国家的不同而程度不一。这也解释了为什么爱尔兰会从 1845 年便开始面对严重的粮食危机。

1845 年，晚疫病菌造成了马铃薯的失收，灾情迅速扩散到全国并破坏了数百万人口赖以为生的主要（甚至是唯一）的粮食来源。耕地逐渐减少。因为土地集中在英国土地所有者的手中，但伦敦政府在灾情控制方面却没什么作为。灾情之所以蔓延迅速是因为全岛范围内所有马铃薯具有统一基因。这场毁灭性的饥荒一直持续到 1850 年。据估算，饥荒造成共计 100 万人死亡，此外，还有 200 万爱尔兰人移民至以美国、加拿大和澳大利亚为代表的外部地区。其中也有一部分爱尔兰人移民英国。

插图 这幅由托马斯·纳斯特于 1880 年创作并发表在一份纽约周刊上的漫画将爱尔兰具象为一个在大饥荒时期向美国航船求援的女人。

始以完全不同的方式发展着。因为彼时大多数的欧洲国家都因政治或经济问题动荡不堪，加之人们传言加利福尼亚和澳大利亚发现了大量金矿，所以移民人数急剧增加。自 1850 年起，每年有 20 万—30 万的欧洲人离开欧洲去往新的地区。在该世纪的最后一个 10 年中，每年的移民人数高达 80 万。

大多数的欧洲移民都奔赴美洲——这是人类历史上最重要的人口运动之一。该运动不仅影响了迁出国和迁入国的人口数量，而且也对这两者的整个社会和经济状况产生了深远的影响。

大规模移民

19 世纪下半叶，成千上万的移民搭乘货车穿越北美大平原并在新土地上安家落户。

插图 塞缪尔·科尔曼创作的《向西——呀：关于这些草原舰队的研究》(私人藏品)。自美国于 1803 年从法国人的手里重新夺取了路易斯安那州之后，这块面积超过 214 平方千米的土地就为想碰运气的人们敞开了大门。开拓者们率领着由牛或骡子所拉着的四轮货车所组成的浩荡大军开始了征服西部的旅程。

移民的离开为他们的祖国减轻了人口压力，从而使那些安土重迁的人得到生活条件的改善。但移民所带来的影响也并不完全是积极的：因为离开的人大多数是青壮年男性，移民活动使得人口老龄化加速的同时也导致了男女比例的失调。欧洲的结婚人数大大减少。移民活动不仅仅发生在西方，以中国和日本为代表的一些亚洲国家也因为人口过剩而产生了大量的移民，并且美洲也是这些背井离乡的人的首选目的地。但亚洲移民在迁入被移民国时往往面临着更多的难题，比如美国禁止亚洲移民在无人的土地上拓殖，再如在澳大利亚，中国矿工想要在维多利亚州的金矿床工作必须要缴纳高昂的个人税。加利福尼亚是最能吸引亚洲移民的一个地区。据估计，直至 1876 年，该地约有 15 万亚裔居民。加拿大也接纳了大量的亚洲移民。像在美国一样，这些亚洲移民在加拿大主要从事铁路建设工作。

同样也有一部分印度移民离开了他们的国土。众所周知，自 1870 年起，有将近 1400 万人从印度逃往以英国、法国和荷兰殖民地为代表的外部地区。这些印度人的目的地大相径庭：东南亚、印度洋群岛、太平洋地区或是加勒比地区。此外，在锡兰蓬勃发展的茶叶种植业也吸引了一部分印度人。

在明治维新带来的工业化使生活条件逐渐改善之前，日本很大一部分移民就已经离开了自己的祖国。尽管日本自古以来就有移民至邻国朝鲜的传统，并且仍旧有不少日本移民涌至该国，但后续的日本人选择了更加遥远的目的地，比如以巴西、秘鲁和夏威夷群岛（1898 年被美国吞并之前）为代表的美洲国家。

通信的迅速发展（诸如苏伊士运河的开通等重大标志性事件）和新的交通方式所带来的便利，显然促进了这些移民潮。新出现的海上运输方式所提供的便利显然促进了上述的一系列移民活动，同时也为加速世界人口全球化的进程做出了决定性的贡献，最终将世界带向了不可预知的新维度。

工业的发展

工业革命于 18 世纪末在英国萌芽，但并没有只在该国生根。工业革命的种子在全球各处生根发芽并茁壮生长：先是在欧洲大陆的大部分地区生根发芽，随后跨越了大西洋来到了美国（尤其在1830年后）。19世纪中叶，工业化发展非常之迅猛以至于一些历史学家将这一时期的工业化进程称为第二次工业革命。工业化始于纺织业（尤其是棉纺业）：人们将蒸汽机的驱动力运用到生产纺织产品的机器和相关的运输机器上。实际上，苏格兰工程师詹姆斯·瓦特（1736—1819年）在英国发明的一种能在蒸汽机中通过活塞做功产生回旋运动的机械结构是一项重大的技术突破。得益于该革命性的创新，第一台使纺织机械化的机器珍妮纺纱机诞生了。此后还有水力驱动的水力织机，不过，后来的自动化走锭精纺机和前两者有着云泥之别：该机器借助蒸汽机的驱动力，比手摇纺织机更先进，极大地提高了纺织效率。在此之前，纺织机都是由人力、畜力、水力或是风力驱动的。蒸汽力量的广泛应用使人们对用于制造蒸汽机的铁以及用于产生蒸汽的煤炭的需求量也加大了。工业化的进程显然更青睐同时拥有上述两种原材料的国家。英国就是因此在19世纪成为了经济强国：1800年，英国的煤矿出产量达700万吨，这个数字在1820年变成了2000万，并在1870年

蒸汽革命

由詹姆斯·瓦特发明的蒸汽机是工业革命的决定性要素之一。蒸汽机的生产完全颠覆了传统的运输手段和纺织工业。不列颠科学促进会为了表彰瓦特的贡献，将其名“瓦特”定为功率的单位，国际计量大会于1960年正式采纳了该单位制。

插图 一幅由威廉·比奇爵士为苏格兰工程师瓦特创作的肖像画的复制品。

纺织机：一场革命

纺织业（尤其是棉纺业）是工业革命的原动力之一。纺织业中的第一项创新是约翰·凯于1733年申请专利的能加快纺织速度的飞梭。詹姆斯·哈格里夫斯于1764年发明的珍妮纺纱机能带动数个纱锭同时工作，因此棉线的产量大大地提高了。艾德蒙特·卡特莱特[3]从水力中得到了灵感，并于1786年发明了动力织机从而舍弃了人力。蒸汽机的应用彻底颠覆了纺织业。不再依赖人力的新机器的庞大体积为纺织品的生产打开了全新的空间：工厂。

下图　这幅创作于1830年的版画重现了一个纺织工厂及其内部的水力织机。

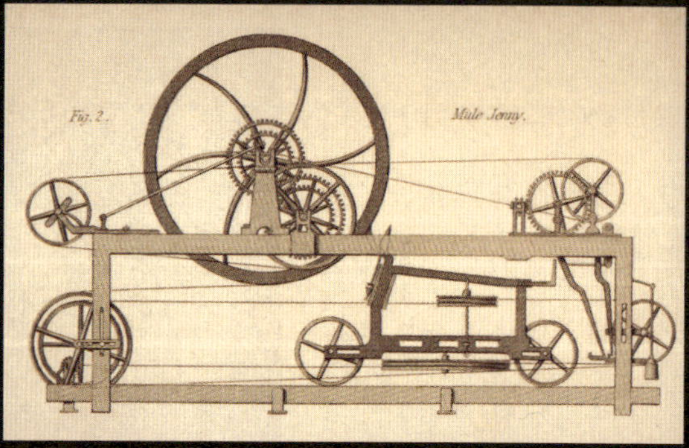

从走锭精纺机到自动化走锭精纺机

英国人塞穆尔·克伦普顿于1779年发明了骡-珍妮纺纱机（走锭精纺机）。这个新机器的发明得益于哈格里夫斯的珍妮纺纱机以及理查德·阿克莱特的水力织机的出现。骡-珍妮纺纱机能够产出大量可以与印度丝线或是棉线相媲美的坚固细纱线。在19世纪20年代，理查德·罗伯茨设计出了自动化走锭精纺机：这种机械织机不需要熟练工人操纵就能运行，再一次大大提高了纱线的产量。

这幅约瑟夫·威尔逊·劳瑞创作于1830年的版画展示了骡-珍妮纺纱机。

[3] 理查德·阿克莱特于1769年声称自己发明了水力织机并申请专利。卡特莱特于1786年发明了动力织机。——译者注

攀升至 1.1 亿；铁的出产量在 1806 年为 16 万吨，在 1870 年高达 600 万吨。随着可将铁炼制成钢的新技术的出现，铁的出产量逐步提高。英国工程师亨利·贝塞麦于 1856 年为自己的新炼钢技术[4]申请了专利：该工艺通过将铁水倒入高温加热的转炉中并吹入空气以去除所有杂质来获得钢。几乎同时，德国籍工程师卡尔·威廉·西门子发明了一种反射炉[5]，该工艺通过煤炭或煤气加热铁并产生火焰，以达到去除杂质的效果。借助上述两大创新技术所获得的钢，极大地推动了包括铁路建设在内的工业的发展。

工业化运动在整个 19 世纪逐渐蔓延到了其他国家。但我们仍然不能夸大那些创新技术所带来的机遇以及变化的速度：1830 年的比利时是当年欧洲大陆上唯一一个工业资本超过农业财富的国家——该国尽管国土面积小，但矿产（煤矿和铁矿）资源丰富。工业化中的比利时将目光集中在冶炼业上，并借助高炉炼出了优质钢铁。这也解释了为什么为该国煤炭业和钢铁工业贡献良多的铁路系统能迅速完善。另外，缺少矿产资源的法国与其邻国英国相比则显得有些有心无力。

法国的富裕阶层在法国大革命刚刚结束后，便慷慨地赎回了之前被教会或是贵族们没收的土地。不过，他们却发现自己完全没有办法像英国的大地主们那样对新工业进行有效投资。因此在 1830 年资产阶级革命爆发前，法国完全没有从任何的工业繁荣中获益。不过，1830 年—1855 年，法国的工业产量翻了一番，并且在接下来的 10 年里上涨了更多。

德国的工业化进程就更加缓慢了，甚至在 1830 年远远落后于别国。然而到了 19 世纪中叶，特别是由于普鲁士实现了政治统一，先前的颓势被完全地扭转了。德国的采矿业和重工业开始迅速发展。几组数据便能反映德国当时的科技革命：德国在 1820 年的煤炭产量是 150 万吨，到了 1870 年这个数字变成了 3700 万；德国的钢铁业蓬勃发展，在 1870 年就拥有 15000 名工人的克虏伯工厂成为了欧洲最大的钢铁厂之一，其钢铁产量在该国 150 万吨的总产量中占据了绝大部分。工业革命的

[4] 即贝塞麦转炉炼钢法。——译者注

[5] 原文为反射炉，但卡尔·西门子发明的是蓄热室炉并在 1864 年将其用于反射炉炼钢。——译者注

工业帝国和德国的克虏伯王朝

普鲁士的钢铁巨擘见证了德国的统一，也见证了德意志第三帝国[6]的诞生，该公司有一个响亮的名字：克虏伯公司。这个来自被称为德国工业心脏的鲁尔区的克虏伯家族，其创建的公司在德国历史上的地位举足轻重——其中克虏伯工厂生产武器军火，该工厂在19世纪至20世纪的贡献使德国成了当之无愧的军事强国。

克虏伯王朝的前身是弗雷德里希·克虏伯于1811年在德国城市埃森附近创办的一个小型铸造厂。弗雷德里希的儿子阿尔弗雷德在1826年（时年14岁）接手了公司，并且在日后成了能够载入史册的工业巨头。德国铁路系统的完善为该公司的壮大提供了强大的助力，后者在19世纪50年代因为垄断了帝国军火的制造与供应而迅速腾飞。克虏伯公司随后推出的大炮[7]的炮筒由一块完整的钢材铸造，其精准度、射程和效能决定了1870年普法战争局势的最终走向。在阿尔弗雷德于1887年去世的时候，他的公司（业务还包括开采煤矿和铁矿）俨然已经成为一个拥有45000名工人的商业帝国。他的儿子弗雷德里希·阿尔弗雷德追随着他的脚步，通过制造重武器、装甲或是威力更大的火药来继续促进公司的发展。弗雷德里希·阿尔弗雷德于1902年因性丑闻自杀，但该事件并没有使克虏伯王朝扩张的脚步有所放缓。该公司在古斯塔夫·克虏伯·凡·伯恩的带领下于“一战”期间持续地向德军提供军火。以弗雷德里希·阿尔弗雷德之女贝莎命名的巨炮“大贝莎”能够将近1吨的炮弹发射到12千米以外，这是其一大特点。德国“一战”战败后，克虏伯公司选择与纳粹分子合作，重新武装德国以应对后续战争。

阿尔弗雷德·克虏伯 生于1812年的阿尔弗雷德·克虏伯被世人称为“火炮大王”。尽管在他的工厂中工人编制几乎军事化，但他也为工人们建立了完整的退休制度和福利系统。

插图 一尊工业雕塑（位于公司的发源地埃森）。

[6] 即纳粹德国。——译者注
[7] 即著名的克虏伯大炮。——译者注

发展给予了新兴资产阶级以及雇主无上的权力，并为贸易和金融带来了崇高的地位，不过同时，也导致了新的工业无产阶级的形成。

运输革命

蒸汽机的出现所引发的技术革命不仅为运输方式同样也为通信方式带来了影响。1803 年，人们首次借助蒸汽机的驱动力来带动螺旋桨以推进航船，此后航行便不再只依赖于风力。但一开始这个全新的动力系统只能让船只在江河上航行：因为在海上风浪会使船身不稳，再者船只进行远距离航行需要大量煤炭支撑，当时的船体还不足以容纳。这也解释了为什么首批蒸汽船只在运河

钢铁帝国

19 世纪下半叶，位于埃森的克虏伯工厂的钢铁产量几乎等同于德国的总钢铁产量。自 16 世纪以来，在鲁尔盆地的中心，“克虏伯”这个名字就和埃森紧密相联。1896 年，这个被称为“帝国的堡垒”的城市，其人口数量就高达 10 万。

插图 埃森的克虏伯冶铁厂房的烟囱正在冒烟。该版画由佚名画家于 1865 年创作并由近代画家于后期上色。

网络发达的国家被投入使用。这也是英国、比利时、德国和美国的工业化进程遥遥领先的原因。

螺旋桨从根本上改变了河流运输或是海上运输。但直到 1829 年，它才被首次应用到船只上。在那之前，只有配备四个桅杆和一面大帆的飞剪式帆船才能够进行越洋航行：如果顺风而行的话，这些帆船能够在 10 天之内从欧洲开往美洲（或从美洲开往欧洲）。更加可靠更加迅捷的蒸汽船逐渐取代了帆船进行跨大西洋航行。

如果说蒸汽航运彻底改变了海上通信系统，那么铁路也彻底改变了陆路运输方式。英国人乔治·史蒂芬逊发明了一种能使某种特定的交通工具沿着钢轨行驶一段很长距离的蒸汽系统。1825 年，世界上的第一列火车在英国城市斯托克顿和达灵顿间的铁轨上以每小时 24 千米的速度进行了它的首秀。五年之后，人们便在利物浦和曼彻斯特之间开辟了一条火车客运专线，火车行驶时速可达每小时 40 千米。一些人开始担心这样的移动速度会对健康造成损害。这种担忧激起了无数争论，直到铁路系统被广泛地投入使用才慢慢消失。

铁轨在各个大洲被广泛地架设并最终成了人类进步最具有象征性的佐证。比利时是铁路系统较为发达的国家之一。该国工业的迅速繁荣得益于丰富的煤矿资源、资本主义精神的兴起以及新近独立后的创业精神。此外，该国的地理位置使其变成了英国、法国和德国之间的交通枢纽。比利时的第一条铁轨于 1835 年开通。该铁轨连接了布鲁塞尔和梅赫伦，运营的第一年就运载了 500000 人次。法国于 1837 年开通了该国的第一条客运专线（巴黎至圣日耳曼线），并于 1848 年拥有了总长度达 3000 千米的铁路网。19 世纪 50 年代末的英国已经有总长超过 11000 千米的铁道被投入使用。美国在同一时期的铁轨总长高达 14500 千米，该国发达的铁路系统成了美国人开辟西部的主要新手段。1835 年，德国的第一列蒸汽火车在巴伐利亚开始运行。1839 年，连接德国莱比锡和德累斯顿的铁轨在萨克森投入运营，并在运营的第一年就运载了 412000 人次。到 19 世纪中叶，德国已经拥有 6000 千米的铁轨。该国铁路系统的迅速完善为德意志的统一贡献良多。在诸如意大利或是俄罗斯的其他国家，铁路线的数量只有区区几条。与其他国家相比，意大利和俄罗斯开设的铁路线较少。西班牙的铁路建设则较晚：直至 1848 年，该国才开通了第一条铁路线。在 19 世纪中叶，全世界的铁轨总长达 35000 千米。铁路并不仅仅是革命性的运输系统，更为重要的是，它的出现为煤矿业和钢铁业做出了巨大的贡献。铁路还有助于统一市场，因为商品的生产地和消费地之间的距离随着它的出现而大大缩短。许多受制于单一种植系统的产区得以在作物变质之前就将其销往外部地区。运输手段的发展同时也保证了商品的消耗速率。

根据经验法则，运输革命使物价得以下跌并最终平稳地维持在较低水平。

资本主义的扩张

工业发展初期所需的资本，主要来自工业利润的累积或者家庭财富（这些财富有时候来自农业活动）。大规模的工业发展需要大量的资本，于是由私人股权形式构成的股份公司[8]应运而生。工业普及所产生的利益以及工厂间的竞争有助于构成财团或是垄断集团的公司，控制整个生产流程（从原材料的获取到最终被消费者买入），以便其合理地定价。但由于股份公司的大部分股权都掌握在远离公司的匿名人士手中，所以这种公司的管理存在风险。然而，大部分的股权人还是对这种公司系统感到满意。金融机构也承担着同样的风险。此前的欧洲只存在大型国有银行，比如在 1815 年便掌握了世界大部分资本的英格兰银行，或是保证了货币流通的法兰西银行。

19 世纪上半叶，私人银行的发展一般依赖于一些诸如德国犹太裔罗斯柴尔德家族或是葡萄牙犹太裔贝尔耶尔家族之类的家族财团间的博弈或是斡旋。这些银行不仅承接贷款和贴现业务，而且也为大型工业企业提供资金、用其股票进行投机行为或者为其提供永久资本。当时，还有一些其他的私人银行，比如英国的劳埃德银行、米特兰银行和威斯敏特银行；法国的里昂信贷银行、兴业银行和工业银行；德国的达姆施塔特银行；美国的第一国民银行。所有的这些银行都成了能够影响各自国家（甚至是其他国家）政治的中坚经济力量。

[8] 即 S.A.，是一种欧洲的公司形式，类似于中国的股份有限公司，其股权人可以是匿名的外部人员。——译者注

银行的作用和金融的全球性发展

工业革命的到来也伴随着金融业和投资业的巨大改变。各个国家需要更为稳定的货币体系和更有组织性的银行系统来支持新兴工业的发展。英国自18世纪之初就很好地满足了上述两个条件。

工业革命初期的新工厂的主要投资方是一些手工业者和小商贩，因为这些工厂只需要一些小型设备和很少的资金便能运转。但是随着人力被机器所取代，这些工厂不得不引进体积庞大且昂贵的机器。假设在1800年开设一间纺纱厂需要花费2000英镑，那么在1820年开设一家纺纱厂的花费则是1800年的10倍。一些银行开始向工业化投注。这些银行不是像英格兰银行（成立于1694年）一样的大型国有银行，而是一些商业银行，其业务是兑换外汇、购买公债和交易汇票。诸如罗斯柴尔德家族一类的大银行家在欧洲工业化的这个阶段发挥了关键性的作用。在此期间的国际外汇交易量激增：1850年的国际外汇交易量达到了8亿英镑并且这个数字在第一次世界大战前夕变成了80亿。

右图 一幅于1850年所创作的版画中的英格兰银行。

下图 莫里兹·丹尼尔·奥本海姆创作的莱昂内尔·内森·德·罗斯柴尔德肖像（收藏于英国国家肖像馆）。

资本主义的兴盛和扩张所带来的危机极大地影响了那些资本主义高度发展的国家。这些危机分别于1818年—1819年及1825年出现，并随后在1838年—1839年及1846年—1847年攀至顶峰。因为美国棉花价格的波动以及在美国银行的资金被清算，欧洲投放于美国的资本遭到重创，这残酷地影响了欧洲的一部分国家。在英国和比利时的一些大型公司破产，银行也面临着巨大的困难。此外，1845年—1847年作物收成的不佳迫使欧洲人从美

洲或者是俄罗斯南部进口粮食，而货款的支付导致了大量黄金的外流。尤其对英国来说，早先对食品的投机为其招致了更严峻的经济问题。随处可见新的贸易公司破产、金融机构倒闭。这些金融危机导致人们的生活条件恶化，也令各国的社会局势变得紧张。饥饿、工厂对工人的持续压榨、低微的薪资水平以及人们对政策的不满等决定性因素，使 1848 年成为欧洲历史上具有革命意义的一个年份。

苏伊士运河于 1869 年通航

贸易的发展需要更快、更高效的运输方式支持，同时，也需要新的线路来节省移动时间和降低移动成本。苏伊士运河的开凿是 19 世纪的一项技术壮举，同时也很好地满足了上述需求。

法国工程师兼外交官斐迪南·德·雷赛布是负责在苏伊士运河上开凿一条连接地中海和红海的建筑师，或者说，是一位连接了欧洲和亚洲的伟大建筑师。该运河使得往返于该两大洲之间的船只不必再绕过非洲航行。1854 年，斐迪南·德·雷赛布从瓦力·赛义德帕夏[9]处获得了展开这一宏伟工程的许可。4 年之后的 1858 年，苏伊士运河公司在法国和埃及资本的支持下成立了。工程于 1859 年开始并持续了 10 年。斐迪南·德·雷赛布在此期间使用了当时最先进的挖掘机，并雇用了 150 万名工人。拿破仑三世的妻子欧珍妮皇后组织了苏伊士运河的落成典礼。这条长达 163 公里的运河于 1869 年 11 月 17 日通航。

插图 在右侧这幅版画中，我们可以看到运河落成仪式上外国代表团的船只。

国际贸易

工业的发展和运输业的迅猛进步使全球贸易激增，显然，自由贸易理论促进了全球贸易。该理论主要在英国得到了升华：与别国相比，该国的工业化更为繁荣。因此，英国人开始鼓吹自由贸易理论，以绕过其他欧洲国家为保护本国的新兴工业产品而搭建起海关壁垒。尽管过程并不容易，但“自由贸易”还是取得了最终的胜利。但贸易

[9] 即下文的穆罕默德·赛义德亲王。——译者注

苏伊士运河设计师 斐迪南·德·雷赛布于1832年被派往埃及并担任副领事。他和穆罕默德·赛义德亲王成为朋友，后者从1854年直到1863年去世时，一直是斐迪南·德·雷赛布在运河项目中的最佳盟友。运河项目的成功激励着雷赛布于1880年启动巴拿马运河开凿项目，但该项目最终惨淡收场。

上图 纳达尔拍摄的雷赛布正面照。

保护者的抗议并没有因此消失，并且一直持续到了19世纪。随着外来商品与本土商品间竞争的不断加剧，大公司要求国家进行干预的同时，以保护国民经济为借口，鼓励政府采取措施以阻止国外商品的入侵。

贸易保护主义的措施通常包括增加进口关税或申请官方出口补贴。但有些措施则更具侵略性。

例如，被我们称为“经济帝国主义”的政治扩张或者经济扩张。英国在其发达的

通信的进步：从电报到电话

人们对高效通信的需求不仅促进了更多新运输路线的开辟以及运输方式的完善，而且也催生了能在远距离对话者间建立即时且通畅联系的工具，而这些工具并不像邮政服务那样具有延迟性。

19 世纪的世界：商业贸易日渐国际化；人们为了走得更远而频繁迁移，因此，可靠信息的持续更新变得日益重要；人们开始关注能够在两个遥远的地点之间传递信息的新通信手段——即便不能保证即时通信，至少也要做到再快一些。两项基于电流应用的通信手段应运而生，并颠覆了通信世界。①电报。该发明的原理是以电线为媒介传输一段电信号，美国人塞缪尔·莫尔斯通过该发明证明了人们能够对信息进行远距离传输。从 1844 年开始，他设计出的电报和电码（著名的摩斯密码）便在世界范围内广泛传播，并且成为第一种基于电的通信形式。②电话。该发明使人们能够和他人对话而不必担心两者间的距离问题。电话于 19 世纪中叶问世，几乎同一时期的许多发明家都在尝试使用电流来实现人声的传输与接收。意大利人安东尼奥·穆奇于 1854 年发明了世界上第一台电话，之后《国家地理》（*National Geographic*）的创始人亚历山大·格拉汉姆·贝尔对穆奇的电话进行了改良并将之推广。

① **摩斯电报** 摩斯在1843年获得了美国国会的一笔专款，该专款用于搭设连接巴尔的摩和华盛顿的一条总长为60千米的实验线路。实验最终大获成功。

插图 这幅创作于1860年的版画展示的是一位坐在电报机前的电报员。

工业和遍及全球的殖民地所带来的巨大创收的支持下，在 19 世纪的海外贸易中占据了统治地位，同时也遏制了其他国家的扩张。塞缪尔·库纳德于 1840 年开设的寇达轮船航线成为利物浦和纽约之间的常规航线，轮船的频次为每周一班。别的公司也纷纷如法炮制。此前的蒸汽船只能进行河流航行或是沿海航行，现在终于开始驶入海洋了。1869 年，苏伊士运河的通航是海上运输史上的重大事件，因为该运河缩短了亚

② **电话** 很长时间以来人们都认为是美国人格拉汉姆·贝尔在1876年制造了世界上的第一部电话。但在2002年美国国会裁定安东尼奥·穆奇才是电话的第一个发明者。

插图 格拉汉姆·贝尔于1892年在纽约见证了该城市和芝加哥间的第一次电话连线。

洲与欧洲间的距离，也大大增加了欧洲与远东间的商业贸易。苏伊士运河的开凿由法国和埃及赞助。这条连接了红海与地中海的运河使过往的船只不用再沿非洲绕行。新航线的开通对英国十分有利，因为殖民的缘故，该国和亚洲大陆的联系变得更为紧密。很大一部分的英国人开始在工业、商业、运输业和通信行业中谋求生计。

欧洲其他地区的情况则有所不同。19 世纪中叶，欧洲各国的贸易行为往往局限于欧洲中。面对英国带来的贸易竞争，大部分的国家都采取了贸易保护主义政策。德国各州之间的关税联盟（德意志关税联盟）在1834年—1848年对英国进口的商品（尤其是棉花和铁）征收更高的关税。尽管自由贸易为法国带来了一些收益，但来自农业工作者和生产者的压力使该国的海关政策更偏向于保护主义，这种情况一直持续到1860年才有所转变。在西班牙，保护主义政策在斐迪南七世的授意下得以实施，旨在避免该国脆弱的新兴产业遭受英国产业的逐步侵犯。

英国通过殖民地直布罗陀迂回向前者进行走私。俄罗斯同样也提高了关税来促进国内贸易和增加政府收入——但从1846年起，该国的海关政策还是有所放宽，部分原因是英国与该国进行了谈判。1850年，俄罗斯与波兰间的海关壁垒彻底消失。

但是，无论贸易保护主义或边境限制政策是否存在，从19世纪下半叶开始，国际贸易的扩大都以组织大型展览的形式进行着。这些展览被称为世界博览会，它们在向全球买家展示各国的商品。首届世界博览会于1851年在伦敦的水晶宫举办，有14000家公司参展。巴黎于1855年举办了世界博览会，随后其他欧美城市也纷纷效仿，比如费城（1876年）和芝加哥（1893年），它们继续沿着这条道路鼓励国际贸易。

发明时代

人类进步的信心激励着西方人在18世纪末不断地取得卓越的科技成就，并且这些成就在19世纪下半叶使经济迅猛腾飞，人类的命运也因此大大地被改变了。

人们将科学发明运用于工业领域，这样科技的进步就能够惠及绝大多数人。

大多数新科技发明的出现都有赖于热力学的进步。热力学作为物理的一个分支，自1865年起便独树一帜，其发展的速度无与伦比。不过令人好奇的是，大多数的发明家并不是全身心致力于科学研究的学者，而仅仅是“热情主义者”，他们十分务实地发现了掌握自然的巨大可能性。美国人托马斯·阿尔瓦·爱迪生（于1879年改良了白炽灯）的职业生涯始于销售报纸和派送电报；发明了直流发电机，并于1870年铺设了世界上第一条海底电报电缆的沃纳·冯·西门子从未学习过物理；

于 1895 年发明了无线电报的伽利尔摩·马可尼是个自学成才的工程师。第一台电话于 1854 年由安东尼奥·穆奇发明，并在之后由格拉汉姆·贝尔改良，世界通信由此向前迈进了一大步。无论是专业的科学家、理论学家还是实验者，都在这一时期提出了新的假说，以便人们能够更好地理解自己所处的物理环境。苏格兰人詹姆斯·克拉克·麦克斯韦于 1865 年阐述了光电磁理论，德国的海因西里·赫兹在接下来的几年中借助该理论成功地测量了电磁波的真实速度。有了这项发现的助力，人们在放射性领域取得了长足的进步。德国人威廉·康纳德·伦琴于 1895 年发现了 X 射线。三年后，皮埃尔·居里和玛丽·居里成功地分离了镭。人们自 1870 年起开始研究物质和能量之间的关系，而上述发现让人们对该领域有了更进一步的认识。这些发现还为物理学和生物学建立了更为紧密的联系，它们一方面促进了电子通信领域和无线电领域的发展，另一方面也促进了放射疗法和一些对抗疾病的新手段的出现。

总之，这些发现所带来的进步使人们从中获益，并最终改善了人们的生活条件：灯光的出现改变了工业化世界的生活作息时间，因为灯光可以在夜间照亮房屋内部、街道以及工厂；电报、广播和电话几乎可以立即使信息传达到全世界的任何地方；内燃机的出现更是彻底地颠覆了人们的出行方式。

神说，要有光……[10]

爱迪生对白炽灯的完善完全颠覆了 19 世纪的城市生活。

插图 爱迪生第一个灯泡的复制品。

[10] 出自于《创世纪》1：3：神说，要有光，就有了光。——译者注

档案：运输革命

18 世纪下半叶的技术创新在改变了全球经济的同时，也改变了 19 世纪的运输方式。

技术的进步是运输行业发展的源泉。基于气体膨胀的原理而发明的蒸汽机对运输行业的发展起到了决定性的作用。1712 年，英国发明家托马斯·纽科门（1663 年 2 月 24 日出生于达特茅斯，逝世于 1729 年 8 月 5 日）对一台以热蒸汽驱动的机器进行了测试，但该机器非常粗糙而

蒸汽机车

1829 年，乔治·史蒂芬逊的蒸汽机车"火箭"号从一场火车竞赛中脱颖而出，成为了在利物浦和曼彻斯特线上服役的第一列蒸汽机车。

这是一块纪念工程师乔治·史蒂芬逊百年诞辰的纪念章。

蒸汽在海洋中和陆地上的力量

当蒸汽的力量被运用在运输工具上时，世界也随之缩小了。蒸汽火车为经济的增长做出了贡献。

左图 一艘轮船在哥本哈根港口装载货物（1881 年）。

上图 一列太平洋中央铁路公司的货运列车和其乘务人员（于 1883 年摄于内华达州）。

且也并不实用。不过，该机器却为纽科门的同胞詹姆斯·瓦特（1736 年 1 月 19 日出生于苏格兰的格林诺克，1819 年 8 月 25 日逝世于伯明翰附近的汉兹沃斯）提供了灵感，后者将纽科门的机器改造成了适用于工业领域的蒸汽机。瓦特在 1800 年生产了 469 台蒸汽机。1830 年的英国已经拥有了超过 10000 台蒸汽机。这些机器主要应用于纺织工业。

然而，在 1807 年之前，蒸汽机并未有效地运用在运输工具上。直到美国工程师兼发明家罗伯特·富尔顿（1765 年 11 月 14 日出生于宾夕法尼亚州，1815 年 2 月 24 日逝世于纽约）的出现：他成功地用蒸汽机驱动了安装在船身两侧的螺旋桨，由此实现了在当时看来遥不可及的梦想。这艘沿着哈德逊河从纽约开往奥尔巴尼的蒸汽船叫作“北河号”，不过，却被当时的媒体误称为“克莱蒙特号”。这艘船在 32 小时内以每小时 7.5 千米的速度航行了 241 千米。

蒸汽船

在这幅创作于 1807 年的版画中，我们可以看到，北美工程师罗伯特·富尔顿被船舶图纸围绕，这些船舶的建造得益于他的创新技术。

几年后的 1812 年，一艘在格拉斯哥建造的蒸汽船开始在克莱顿河（一条苏格兰的河流）上航行。接二连三地，其他的蒸汽船也在北欧的河流中开始航行。这些由蒸汽机驱动的船只最初都是在河网中尝试航行的，因为河上微弱的风浪不足以干扰螺旋桨的正常运作。当时，船只的动力系统能保证船只逆流而上，而在此之前，逆流航行对于帆船来说是十分复杂的。

河流运输

由于拥有大量运河网络或是可以通航的河流，英国和荷兰得以建造第一批蒸汽船。较重的货物较之从前更易于运输，而运输量的激增也使得货物的价格下跌。人们还发现，其实这种货运工具也十分适合搭载乘客。法国也试图在该国的河流和运河中建立类似的运输系统，但由于河流间遥远的距离、复杂的地势和资金的短缺所造成的种种障碍难以被克服，其计划宣告破产。反观北美洲，伊利湖运河于1825年通航，并且人们也建立了连接大西洋与五大湖所在地的运河网络。

在随后的几十年中，几个大型运河工程的完工使得欧洲的内河运输网络逐渐扩大。得益于连接主要河流的众多运河，德国的工程师们能够继续优化航运这种通信手段，因此，人们可以在1840年从鹿特丹乘船前往巴塞尔。1856年《巴黎条约》的签订，促成了一个国际委员会的成立，该委员会组织了多瑙河的疏通工作，使其水流更加畅通。同时，该委员会也有效地进行了河流交通管制。在1830年—1860年，在美国密西西比河上往来的船只翻了三倍，往返于北部和西部的货流量和客流量随之增加。

直到19世纪下半叶，一些技术上的难题得以被攻克，蒸汽机能够开始帮助船只进行跨越大西洋的航行。直到1880年，蒸汽船还是很难与海上霸主飞剪式帆船竞争：这种大型帆船一般安装了三根到四根桅杆且船身狭长，自1830年起，它便因可靠性和高速性穿行于海上，并在海洋运输中占据了统治地位。

发明于1882年的螺旋桨是一种能最大限度发挥蒸汽航运效能的工具。但是，建造有钢铁外壳的船只非常复杂，因为清洗附着于船身表面的污垢需要可观的费用，而且需要预留足够的空间来储存燃料，此外还需要想办法加固船身以承受发动机运行时而产生的高压。在这一时期，木质船身仍旧更具吸引力，并且兼具多项优点。例如，在1870年，英国籍的木质帆船的总吨位达450万吨，与之相对的，铁壳船的总吨位只有区区100万吨。1882年，英国仍旧有超过500艘的木质帆船进行了穿越大西洋的航行。这些帆船搭载的往往是货物或是乘客。然而，它们将会逐渐被更为坚固也更为实用的铁壳船所取代。

海上运输

其他的技术进步也在为海上航运革命添砖加瓦。其中一项进步就是1869年苏伊士运河的通航。法国负责苏伊士运河项目的发起，并为该项目提供了资金支持，其中法国工程师斐迪南·德·雷赛布（1805年11月19日出生于凡尔赛，1894年

从内河航船到跨大西洋航船

尽管蒸汽动力在运用于陆路运输领域之前就已经在一些船上被测试过了，但该技术的真正推广却是很久之后的事情了。人们在18世纪末和19世纪初做了一些初步尝试，其结果证明了外轮船在河流及湖泊航行中十分实用。例如，美国人罗伯特·富尔顿在1803年建造了第一艘轮船，而他于四年之后建造的另一艘轮船使人们得以在哈德逊河上确定一条常规航线，该条航线连接了纽约和奥尔巴尼，长达240千米。尽管有诸如螺旋桨一类的一系列先进技术的支持，蒸汽船在海上取代帆船还是用了很长的时间。帆船之所以能够长时间生存，是因为它不仅更加快速也更加经济：与借助燃煤驱动的轮船相反，借助风力驱动的帆船既不需要负载，也不需要购买燃料。1880年，铁质结构的出现使人们能够建造更大的船只，因此船只的装载量便提高了，再加上沿线煤炭供应网络的搭建，最终使帆船彻底消失于海洋贸易领域。

在河流和海洋上的蒸汽船

上图 这幅创作于1866年的版图插画描绘了在密西西比河上举行的一场外轮船竞赛。

右图 “波斯号”结构图。“波斯号”是一艘由英国工程师戴维·柯科迪设计的可以跨大西洋航行的铁壳船。这艘船于1856年获得了“蓝丝带”——该船是自1833年以来穿越大西洋用时最短的船只，航运公司授予其“蓝丝带”以示嘉奖。它的纪录是从利物浦抵达桑迪胡克用时9天16小时16分钟，这一纪录直到1863年才被打破。

12月7日逝世于拉切斯纳耶）的贡献最为巨大。拿破仑三世的妻子欧珍妮皇后组织了苏伊士运河的落成典礼。从苏伊士运河中获益最多的是英国和一些对近东抱有兴趣的国家。于1872年通航的苏伊士运河是一条能够连通荷兰鹿特丹和北海[11]的大型运河。在1887年—1895年开凿的基尔运河连接了北海和波罗的海。

所有的这些革新使得海上航运量激增，同时也迫切地要求人们对所有的港口进行现代化改造，如建设新的码头、新的仓库以

[11] 这里所指的北海是北大西洋的一部分。下文同。——译者注

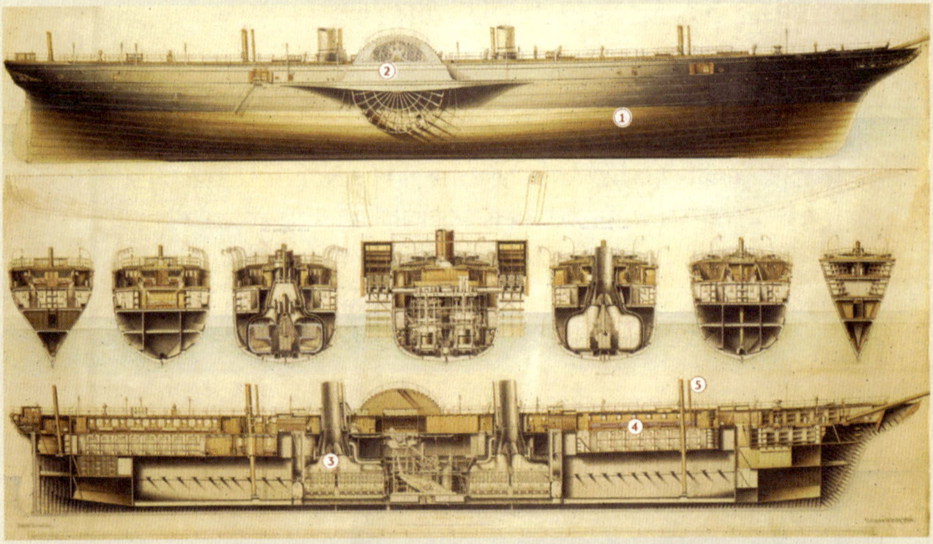

① **船身**

“波斯”号于1855年下水。该船船身全长121米。

② **桨轮**

该船依靠桨轮驱动，不过这项技术很快便过时了。该船于1868年退役。

③ **锅炉**

两台锅炉每天消耗147吨煤炭，总功率可达到3600马力。

④ **船舱**

“波斯”号是一艘客运轮船，配有120个一等座以及50个二等座。

⑤ **帆**

该船最初配备有3根桅杆以及整套帆缆索具，靠近船尾的第三根桅杆于1856年被移除。

及使用升降机等。此外，通过疏浚和投入资金来对可通航的运河进行维护工作，也变得越来越重要。

海底电报电缆的安装，使人们能与世界各地进行即时通信，这极大地促进了不同市场间的交流。海底电报的发明者德国工程师卡尔·威廉·西门子（1823 年 4 月 4 日出生于德国列恩，1883 年 11 月 19 日逝世于英国）于 1863 年在他位于伍尔维奇的工厂开始生产世界上第一条海底电报电缆。11 年后的 1874 年，人们已经在大西洋中铺设了 5 根海底电报电缆。

铁路网络：从史蒂芬逊到跨洲行驶

乔治·史蒂芬逊发明第一台火车头原型的本意是设计出一台可用于牵引煤车的机器。但他的发明却迅速地被用来运载乘客。世界上第一条铁路线于 1825 年铺设并连接了达灵顿和斯托克顿（全长 40 千米）。欧洲的铁路网络总长在 1850 年前后已经高达 10000 多千米。

下左图 罗伯特·史蒂芬逊（乔治·史蒂芬逊之子）肖像。

下右图 “火箭号”。该机车的速度可达每小时 47 千米。

下页图 欧洲的铁路线路图。欧洲的铁路网络在几十年中迅速发展。

最初的机车

铁路是工业运输革命真正的象征。尽管与第一艘蒸汽船相比，第一列蒸汽机车的速度似乎显得很慢，但机车的真正发展集中在 19 世纪上半叶并且势头迅猛。事实上，世界上第一台蒸汽机车是于 1769 年由法国军事工程师乔瑟夫·库诺（1725 年 2 月 26 日出生于瓦瓦孔，1804 年 10 月 2 日逝世于巴黎）制造的：他在孔蒂亲王位于汪沃的猎场里，向国王路易十五展示了一台没有轨道辅助的蒸汽设备的运行。但此次演示却没有了下文，因为该发明十分粗糙，所以没有激起最基本的热情。库诺的设备只有借助轨道（首先是木质的，随后是铁质的）才能成功运转，而这些轨道最终将会为蒸汽机车服务。英国在 19 世纪初期是这一领域的先驱：英国工程师理查·特里维西克（1771 年 4 月 13 日出生于坎伯恩，1833 年 4 月 22 日逝世于达

特福德）在 1800 年建造了一辆负载量为 8 吨的机车，但是他难以制造出负荷其重量的轨道，出于这个原因，他的发明被遗忘了。直到 1825 年，另一位英国工程师乔治·史蒂芬逊（1781 年 6 月 9 日出生于泰恩河畔纽卡斯尔，1848 年 8 月 12 日逝世于切斯特菲尔德）成功地让一台机车牵引着 36 辆负载了 80 吨煤炭的翻斗车从斯托克顿行驶到了达灵顿（全长 15 千米），其间该机车的速度达到了令人惊叹的每小时 39 千米。这次成功的演示引起了巨大反响，以至于英国政府为连接利物浦和曼彻斯特的铁轨（全长 65 千米）的建造举办了一场竞赛，乔治·史蒂芬逊凭借着“火箭”号取得了胜利。这条连接了两个英国城市的固定线路于 1830 年通车，大量乘客体验了线路的首通。乔治·史蒂芬逊在随后的几年中完善了机车。然而，机车的最终形态直到 1850 年之后才得以面世。这些机车的质量随着时间的推移得到了不

联结大洋 1869 年 5 月 10 日，人们在犹他州将第一条跨大陆铁轨的最后一根钉子钉进了地面。

插图 托马斯·希尔创作的油画作品《最后的钉子》（收藏于萨克拉曼多的加州州立铁路博物馆）。

断的提高，机车的功率也随之越来越大。此外，每个国家都会结合自身的开采需求、地貌以及铁道网络的规模来改造机车。在地势崎岖的多山国家，工程师们为机车设计了大型锅炉，以便使其能在爬坡过程中绕开障碍。相较于其他欧洲国家，这些国家铺设的铁轨更宽，因为这些铁轨所需要承受的吨位更大。但是奥地利自 1850 年起便开始进行能够使机车克服不平坦地形的研究，以便无须增加轨道间距。一场为庆祝维也纳至布鲁克线落成的竞赛由此举办：该线穿越了塞默灵山口。得益于最新的先进技术，客运列车的速度迅速攀升至每小时 100 千米。由于通车量的增加，发展迅猛的铁路行业也面临了诸多新的问题，诸如如何设计信号装置、完善制动装置和安装人工照明设施。查尔斯·福克斯于 1832 年发明了一种转辙系统，该系统能够使两列行驶在复线铁路上的火车在同一个车站会车。1860 年—1870 年，得益于法国工程师拉蒂格（Lartigue）、戴斯（Tesse）和普吕多姆（Prud'homme）的构想，一种叫作壁板信号机的信号系统得以被铁路行业采纳。这些年中，铁路行业引入了欧洲和美洲设计的新制动系统。

铁路革命

“铁路热”在世界范围内迅速传播：1830 年，全世界只有区区 300 千米的铁路线，到了 1850 年，世界铁路总长高达 35000 千米。尤其在欧洲的比利时和德国，铁路通信带来的便捷迅速得到了大众的认可。得益于其地理位置，独立于 1830 年的比利时成了欧洲通信的战略要地，通过安特普卫港口，该国可以与全球各地建立联系。该国在桑布雷和默兹的山谷中煤矿贮藏量巨大，所以人们制订了以布鲁塞尔为中心向外辐射的铁路运输计划，该国由此成为欧洲重要的商业和工业中心之一。德国的第一批客运列车于 19 世纪 30 年代在巴伐利亚到萨克森的铁路线上运行。科隆市依赖通往安特卫普、明登和巴塞尔的铁路线成了欧洲中部的货运中心。柏林因其与汉堡、施泰丁、安哈尔特、弗罗茨瓦夫、马格德堡和莱比锡间铁路线的开通而拥有了巨大的影响力。鲁尔盆地的煤矿资源能够称霸新的市场，因此促进了北海德国港口的发展。人们对铁轨的需求日益增长，德国钢铁业从中获益而日渐繁荣，尽管其大部分的铁路基础设施来自英国、比利时甚至是美国。德国的公司也开始制造铁路设备。尽管法国的第一条火车线里昂至圣埃蒂安线很早就已经开通（1832 年），并且随后巴黎周边也开设了几条火车线路，但主要出于政治原因，该国大型铁路网络的建设却仍晚于欧洲其他国家：线路的责任方和资金的筹措迟迟没有被落实，直到 1842 年，建设从巴黎辐射至外界的铁路网络的相关法案才被批准。最初的几条线路中，鲁昂至勒阿弗尔线将首都巴黎和最重要的纺织业地区以及该国北部的主要港口连接了起来，而里尔至加莱线则拉近了首都巴黎和伦敦以及布鲁塞尔间的距离。美国的第一条客运专线于 1830 年在巴尔的摩举行了落成仪式。随后人们在该国的南部和北部开通了新的铁路线，但却没有连接南部和北部的铁路线。联合太平洋铁路公司和中央太平洋铁路公司合作建设了世界上第一条跨大陆铁路线。加拿大建设了连接魁北克和该国西部安大略的铁路线以及连接蒙特利尔和美国波特兰港的

建筑学和金属工程学的兴起

19 世纪人们对技术的信心同样也反映在建筑方式的改变上，尤其如火车站这种由技术进步所催生的场所。这是工程师们的光荣年代：他们使用铁或者玻璃一类的创新材料来搭建功能性结构的同时也实现了美学表达。

德国的火车站　这张摘自百科全书《迈耶百科词典》的插图向我们展示了这些建造于19世纪的火车站的细节（从上到下）：法兰克福人民车站、柏林腓特烈大街车站及科隆火车总站。

纽约大中央总站　这座于1871年落成的火车站（上图创作于1872年）呈“L”形，两边分别向42街和范德比尔特大街延伸。该建筑于1899年被拆除。在原址上重建的纽约大中央总站是当今世界上最大的火车站，拥有44个站台和67条铁轨。

科尔布鲁德尔的铁桥　这座横跨了塞文河的桥是第一座完全由铸铁建造的拱桥。托马斯·法尔诺尔斯·普理查德于1775年设计了该桥。该桥长60米，宽30米。这幅在1801年创作于餐盘中的作品展示了该桥的全景（收藏于纽约格兰杰收藏馆）。

加拉比特高架桥　古斯塔夫·埃菲尔主持了这座金属桥的建设。该桥建于1880年—1884年，是为马尔沃罗若勒至纳萨格铁路线专门设计的。该桥横跨特吕耶尔河，桥拱跨度165米且高122米。这张照片拍摄于1884年4月6日，即中央桥拱完工前20天。

铁路线。澳大利亚最初于 1860 年前后建设了总长约为 1000 千米的铁路线，主要用来连接该国重要的农业区和牧业区。1870 年，印度是亚洲第一个开通铁路的国家，并且是亚洲唯一能从这种交通方式中获益的国家。直至 19 世纪末，人们所建设的铁路网络只不过是后来的世界铁路网络中很小的一部分。铁路完全颠覆了人们的交流方式，并且每个大陆从中都受益匪浅。从前遥不可及的不同市场得以融合，而货运速度的提升更好地将工业化产业集中在了主要铁路枢纽的周边。铁路客运降低了出行成本，从而增加了迁移人数。圣西门伯爵认为，铁路运输是各国人民团结和“可持续性世界和平”的保证。

工人团结

这幅完成于 1889 年的版画的创作灵感来自于维尔特·克兰（Walter Crane）的一幅插画。该版画向人们宣告 5 月 1 日为劳动节。

插图（右侧） 榔头和铁毡象征着从事冶金业的工人。

社会冲突

工业革命带来的全新工作环境和资本与劳动力之间日益扩大的差距鸿沟，催生了以拯救无产阶级为内核的思潮，除此之外，空想社会主义[12]、无政府主义和共产主义也纷纷涌现。工人们意识到团结的重要性，工人运动和工人主义随之诞生。

工业革命极大地改变了当时社会的经济结构，同时因为技术的进步，人们的生活条件也得到了根本的改变。工业革命孕育了一个新的阶级：工人阶级或是无产阶级。

工业无产者的前身基本上都是农民。通常迫于收成不佳、税收繁重以及生活条件恶劣等压力，这些农业劳动者、失地农民或是农村短工不得不放弃农业活动转而去附近的城镇谋生。这一时期的农业变得粗放化和工业化，一些欧洲国家开始逐渐去资本化，以便更好地集中土地，其直接结果便是失业农民数量的增加和农民生活条件的恶化。新的土地所有者只在收获季节为农民提供短期工作机会，农民们除了

[12] 即乌托邦社会主义。——译者注

伦敦：人口迅速增长并积聚

英国的首都伦敦见证了工业革命的诞生，但同时这场革命也不可避免地激发了社会矛盾。彼时的伦敦是国际金融和贸易的中心，同时也是一个汇集着成千上万人的拥挤之地——著名的查尔斯·狄更斯在他的小说中这样描绘道。

19世纪的伦敦是全欧洲人口最多的城市：1815年就有90万居民，而1891年人口数量则高达450万。这番非凡的增长归功于英国乡村手工业者和农业劳动者向城市的迁入（他们的到来很好地满足了工业和商业对劳动力的需求），也归功于欧洲贫困地区人口的迁入以及出生率的上升。然而，当时的城市生活十分艰难。因为不同空间相互摩擦碰撞，所以19世纪的伦敦也是一个充满反差的城市：我们可以在伦敦看到富丽堂皇的、现代化的、豪华的贸易中心，人们在这里做出的决策能影响整个世界的经济；我们也可以看到装载着世界各地奇珍异宝的货轮在伦敦的港口停靠；当然，我们还可以在诸如伦敦东区一样的社区看到大量的工人生活在极度糟糕的环境中，他们蜗居在卫生条件恶劣、排污手段匮乏和饮用水短缺的陋室里，逼仄的生存环境、酒精的泛滥和缺乏安全保障的工作使得这些地方的人口死亡率很高。

插图 右侧这幅画描绘了伦敦达德利街的街景，是古斯塔夫·多雷为《伦敦：一次朝圣》（出版于1872年）创作的插图。

奔赴大城市谋生之外，别无选择。

“农村大逃亡”的另一个原因是：许多将农业生产环节和农产品加工环节结合起来的农村手工作坊意识到他们不可能与工厂竞争，他们的产量远远低于工厂的产量，并且中间商的介入会让他们的收入越来越低，一步一步沦为贫民。面对不平等的竞争，最终这些农民别无选择，他们无法再依靠农田生存，只好放弃手工行业带着家人离开家园，到城市的工厂中或是矿区谋求生计。

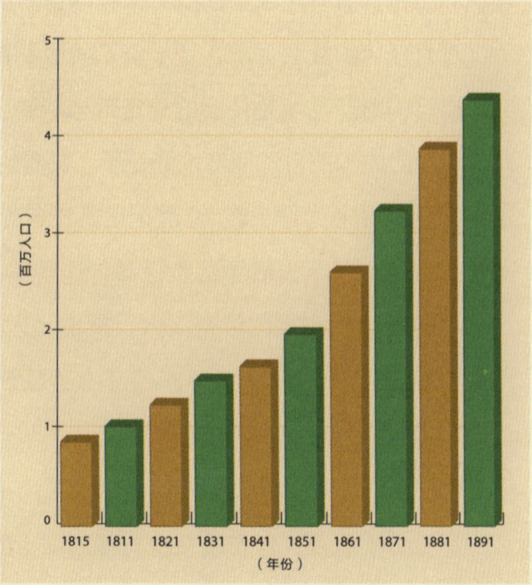

19 世纪的伦敦人口

直到 18 世纪末，伦敦的城市范围甚至没有逾越古罗马时期的伦敦旧址[13]。但为了更好地容纳新迁入的外来人口，19 世纪的伦敦迅猛扩张。这幅来自国家统计局的图表很好地反映了前所未有的人口上涨速度。

无产阶级的诞生

彼时的工人阶级是由在工厂中或是矿场中工作的城市工人组成的，这些男人、女人甚至是孩子都用体力换取十分微薄的薪水。这些人中的绝大多数怀揣着梦想，希望来到城市后能改善自己之前恶劣的生存条件，但是事与愿违，他们最后发现新家园所能提供的和他们所想象的有着云泥之别。此外，19 世纪上半叶的自由

[13] 历史上的英国曾是罗马帝国的行省。——译者注

主义国家完全忽视这些手无寸铁的工人的落魄生活。这些无产者还要面对大工厂管理层的压榨，后者用很少的酬劳来榨取前者的体力。这些人员数量庞大的工人阶层不仅没有任何的社会保障，还被资产阶级和富裕阶级处处压迫，因为后者认为前者会对自己的财产甚至是社会的稳定带来威胁。此外，人口的激增使劳动力增多，因此劳动力的成本便自然而然地降低了。机器的出现降低了生产过程对工人的需求量，这很好地解释了为什么在19世纪前几十年爆发的最初几场社会革命中工人们将机器视为仇敌，甚至去破坏这些机器。这些革命被称为“卢德运动”，这个名字来自一位名叫内德·卢德的传奇工人，据说此人在18世纪末砸毁了数台纺织机。这些革命（最初是自发且混乱的）将在不久之后的整个19世纪中不断上演。

生活环境

尽管并不显著，但农民从农村涌向城市的现象实际上已经存在数个世纪了，所以我们不能将该现象称为19世纪的特色。不过真正关键的是，该现象在这一时期空前明显，也正是在这一时期，现代世界的大型城市开始逐渐集中化。在19世纪初，没有任何一个城市的人口数量超过100万。欧洲当时人口最多的城市伦敦有90万人，而紧随其后的巴黎则只有80万人，只有20个城市拥有超过10万的人口。19世纪末的欧洲有14个城市的人口数量超过了100万，186个城市的人口数量超过了10万。伦敦是欧洲大都市崛起最具说服力的例子之一：19世纪之初，这座城市的人口数仅占全国人口总数的五分之一，但到了1851年，英国一半的人都居住在伦敦。

城市化进程的推进必须以社会的转型为前提，而在此之前的社会基本上还是农业社会。城市人口的增多得益于工业革命的爆发：随着大型工厂的建立，前来城市定居的农民数量上升。农民们希望能在工厂里找到工作，并且能得到比务农更高的收入。

工厂需要越来越多的劳动力来操纵新机器。因为操纵这些机器不需要具备专业知识，所以工厂可以雇佣女人和孩子，他们的薪水比男人的薪水还低。没有任何相关法律来保障这些劳工的权益，他们甚至有时候需要从日出工作到日落。工厂老板为工人们搭建住房，但那些房子却几乎无法居住。通常一间房子被出租给一个家庭

路易·巴斯德与社会卫生和健康的进步

正如大多数卫生学家在 19 世纪所谴责的那样，工人居住地区死亡率居高不下的根本原因主要是恶劣的卫生条件。上述这种情况源于过高的人口密度、被污染的饮用水、不洁的食物以及传染病的横行等多种因素。而化学家路易·巴斯德恰恰在传染病领域里取得了重大的突破。

出生于 1822 年的路易·巴斯德从事化学领域的研究工作。巴斯德因为其对酒石酸晶体结构的研究而迅速崭露头角。然而，真正使他名声大噪的是他对发酵和细菌学的研究：他证明了发酵是由微生物所引起的，并且开发了一种消除微生物的方法，即“巴氏消毒法”。该过程的原理是对液体进行短暂的热处理以减少病原体的数量，直到液体无害并可饮用为止。因此，像牛奶一样的基本食物的卫生安全较之从前得到了极大的保障。至于在细菌学领域，巴斯德研究了传染病的传播机制，并证明了传染病是由入侵到生物体内的病原体所引起的。狂犬病疫苗也是他的重大突破之一。

插图 巴斯德在他的实验室中。阿尔伯特·埃德尔费尔特于 1885 年创作（收藏于巴黎奥赛博物馆）。

或同时被出租给好几个家庭。这些人蜗居在这种房子中，需要面对的问题除了拥挤之外，还有更多我们难以想象的不便。如果付不起房租或者独立房屋不够，工人们就不得不搬进集体宿舍。

为了能够轻松地上班，工人一般会在城市近郊或者工厂附近安家。城市快速却无序的发展使得城市郊区的街道卫生环境变差且害虫横行，各种传染病大肆传播，而直接的受害者就是居住在城市郊区的新来人口。

即使在相当现代化的城市中，也很少有居民能在家里使用自来水或是通过下水道来排污。大部分人不得不在公共水龙头前排队，然后用水桶和其他容器将水带回家。当时的人也有收集雨水的习惯，如果条件允许，人们也会从河流中汲水。那时候的水通常是不干净的，饮用这些水会诱发许多疾病或是被感染。1831 年，霍乱疫情肆虐，仅英国的首都伦敦就有 31000 人因此丧生。还有更多的人死于斑疹伤寒、白喉或是痢疾。不过，卫生条件在 19 世纪得到了改善，这主要归功于医学的进步或是治愈传染病新疗法的发现。

即便如此，欧洲大陆的主要城市在 1870 年之前并没有进行太大的扩张。城市扩张的过程缓慢而复杂，并且也为人们的生活方式和社会习俗带来了翻天覆地的变化。同时，城市的扩张还使得集中在城市边缘的人们保持了相当紧密的联系，并越发团结：他们必须群策群力以解决共同的问题或声明共同的权利。

空想社会主义

工人们糟糕的甚至是可悲的处境，激励着一些知识分子和慈善家为他们辩护，并奋起为无产阶级的悲惨命运抗争。这些人试图寻找由工业机械化和工业集中化所引发问题的解决之道。19 世纪上半叶，第一批理论家提出了拯救工人阶级的学说。尽管这些人知识渊博，但我们还是把他们称为“空想主义者”，因为他们的错误就是过于理想化，并且他们的理念不能很好地适用于实际情况。该术语首先由法国激进主义者和革命家路易·奥古斯特·布朗基于 1839 年提出，后来卡尔·马克思和弗里德里希·恩格斯在他们 1848 年发表的著作《共产党宣言》（*Manifeste du Parti communiste*）中再次使用了该术语。

一些历史学家坚持认为这些空想社会主义原理的起源可以追溯到启蒙时代，如果我们将西方思想中乌托邦文学的悠久传统纳入考虑，那么可追溯的年代恐怕更久远。不过，这些空想社会主义者所秉持的信念更有可能直接来自法国大革命。

自由主义者坚持争取自由，民主主义者坚持争取平等，而社会主义者首先强调的则是博爱。这些最初的社会主义者确实真心实意地相信人与人之间合作的道德价值。但最重要的是，他们坚信他们所倡导的原则将实现一个能够重塑全人类的和谐社会。他们的理论主要基于卢梭主义的原则：人性本善，倘若消除了贫穷和社会的不平等，所有的人都会像手足一般亲密。因此，尽管根据发起人的不同，实现博爱

的方法有着很大的区别，但博爱是所有空想社会主义学说的首要目标。在应用方面，空想社会主义却是失败的。不过，该主义却对工人们产生了深远的影响：当欧洲革命于 1848 年爆发时，一些被这些理想熏陶的活跃团体早已成型。这些团体并肩作战，不惜一切代价地为工人阶级争取政治和社会权利。人们在欧洲或是世界其他地方都做出了空想社会主义的尝试。这些尝试在欧洲并不多，但在美洲尤其是美国却十分常见。美国广袤的土地和快速增长的经济为一些人提供了新的生活方式，这些人希望摆脱经济困难的窘境和在欧洲仍旧通用的社会习俗。

哲学家和革命家

《1853 年的皮埃尔–约瑟夫·蒲鲁东和他的孩子们》（收藏于巴黎小皇宫）是法国画家居斯塔夫·库尔贝最为著名的肖像画之一，该画家是社会主义者蒲鲁东思想的狂热捍卫者，并将其称为“我的同志”。1865 年，年轻的批评家埃米尔·左拉强烈驳斥蒲鲁东所提出的美学观点，蒲鲁东想让艺术作品服务于他的乌托邦。左拉认为，令艺术屈从于意识形态意味着对艺术家个性的无视，并会为艺术家本身带来不可逆转的毁灭。

社会主义理论家

空想社会主义者中较为著名的一些代表属于资产阶级，其中的一些人甚至是贵族阶级。例如，法国的皮埃尔-约瑟夫·蒲鲁东、克劳德·昂利·圣西门伯爵、夏尔·傅立叶和艾蒂安·卡贝（Étienne Cabet），此外还有英国的罗伯特·欧文。

在上述所有空想社会主义者中，只有皮埃尔-约瑟夫·蒲鲁东是真正的工人出身。这位前印刷工人是自学成才。他在他的著作《什么是所有权？》（*Qu'estce que la propriété ?*）中批判了私有制。这本书震惊了当时的富裕阶层。蒲鲁东主张移除国家的概念并建立工会联合会和能够相辅相成的联合会所组成的联邦。因此，蒲鲁东通常被认为是无政府主义的先驱。

圣西门在军队中度过了他的青年时光。他参加了促成美国诞生的北美十三州美国革命。但他很快离开了军队，转而投身于经济学和工程学的研究，这使他对社会问题产生了兴趣。他的著作强调了财富的产生和政治权力之间的关系。他认为那些真正工作的人没有政治权力，而那些从不创造财富的游手好闲的人却拥有政治权力是不公平的。

圣西门将建筑工人和修鞋匠与银行家、工业家和企业家置于同等地位。根据他的说法，那些食利者、贵族和政客都只不过是“寄生虫”而已，因此必须剥夺他们的权力。圣西门的门徒自称“圣西门主义者”，并四处宣扬他的思想。他们的努力在法国引起了强烈的反响。更为重要的是，得益于整个社会的经济发展，他们能够为工人阶层带来一定的利益。我们可以将诸如斐迪南·德·雷赛布（开凿了苏伊士运河的工程师）或是贝尔耶尔兄弟（他们所创办的银行是法国最大的银行之一）这些人称为圣西门主义者。

法国旅行商人夏尔·傅立叶也是空想社会主义的奠基人之一。他认为重要的不是增加产量——这是圣西门理论的原则——而是实现财富在人群中的再分配。与工业进步的坚定支持者圣西门不同，傅立叶谴责大规模的工业化，因为他认为后者是造成工人极端痛苦的原罪。对他而言，农业社会和手工业社会才是最理想的，因为在这类社会中人们可以自然而然地进行等价交换。夏尔·傅立叶构思出了法伦斯泰尔体系，即一种人们自发建立的更加公正的且无须使用暴力的社会组织。法伦斯泰尔这种社会经济单元由约1600名成员组成，他们一般来自各行各业以便于互利互助。人们尝试在法国、美国、西班牙和美国建立法伦斯泰尔却收效甚微，但真正重要的是，傅立叶传达的思想日后将服务于社会主义。

不同的乌托邦

让-弗朗索瓦·吉古（Jean-François Gigoux）创作的夏尔·傅立叶肖像（收藏于贝桑松时光博物馆）。傅立叶眼中的理想社会是农业社会或是手工业社会。他计划实现一种合作生产的新生活方式：人们可以建立一个自给自足且服务公有化的农业社区（法伦斯泰尔），并根据自己的长处选择工作。法伦斯泰尔是20世纪嬉皮士社区的前身。

出生于1788年的埃蒂安·卡贝也是法国空想社会主义潮流的杰出代表。他修习法律，且是一位新闻工作者。青年时期的卡贝曾是烧炭党（意大利文“carbonari”，曾在君主复辟时期谋划推翻路易十八和查理十世）的成员之一。烧炭党人积极地推动了1830年七月革命的进程。

卡贝在其著作《伊加利亚旅行记》（*Voyage en Icarie*）中对自己的空想社会主义理论进行了详述。该书于1840年出版，并被广为流传，且于1840年—1848年五次再版。卡贝的理论基于一种通过分享私有财产来消除贫困的信念，他认为只有这样才能实现人人平等。卡贝于1849年被迫移

罗伯特·欧文和新拉纳克村

尽管被认为是空想社会主义者，但罗伯特·欧文却对该主义的理论不甚满意。他试图在自己位于新拉纳克的工厂中运用自己的改良主义观念。他的实验无论是在经济上还是在社会上均取得了成效。

对启蒙时代持乐观态度的罗伯特·欧文认为社会的重组需要基于理智和教育，同时，他也竭尽所能地减轻资本主义兴起对工人们所造成的负面影响。他首先在他继父大卫·达尔（David Dale）在苏格兰新拉纳克创建的一间棉花工厂中进行试验：自 1799 年开始，他就实施了一项能为工人们提供体面住房和更好卫生条件的社会计划。他还提高了工人们的工资，并建立了社会医疗保障体系，并于 1816 年开设了一所学校，以便孩子们能接受博雅教育。这一进步带来了工厂产量和收益的增加，但欧文还是被管理层撤职了。

右图 右侧这幅由费德里克·巴特（Frederick Bate）创作的版画重现了欧文于 1825 年在美国印第安纳州建立的名为“新和谐村”实验性共产社区。

民美国，他的理念在该国大受欢迎。280 名拥护卡贝的伊加利亚主义者（Icariens）曾创建了几个社群，但出于资金短缺和成员间分歧不断等原因，这类共产生活在尝试几年之后宣告失败。卡贝于 1856 年在密苏里州的圣路易斯市去世。

苏格兰一家棉纺厂的所有者罗伯特·欧文试图通过建立合作社、修建住房以及开设学校等方式来改善其工厂中工人的生活条件。他坚信经济的增长和技术的进步会使工人阶级受益。欧文在 1825 年将他的理论付诸实践：他在美国的印第安纳州建立了一个名为“新和谐村”的社区。与傅立叶不同，欧文认为社区的建立应该是国家行为，并且需要公共资金加以支持。欧文的社区在一段时间内取得了成功，但最终追随着法国空想主义者傅立叶的脚步，和法伦斯泰尔一样走向了失败。

马克思主义

卡尔·马克思的理论是受到公认的对社会主义的表达。马克思于 1818 年出生于普鲁士的莱茵兰。在耶拿大学取得历史和哲学的双学位之前，他曾先后在波恩大

学和柏林大学中学习，然而，毕业后的马克思却并没有得到他梦寐以求的大学教授的职位。后来，他从事新闻业直至去世。这位犹太裔思想家、活动家因为其基于阶级斗争的理论而闻名于世。根据马克思的说法，工人在劳动过程中所产生的价值与其最终所得之间的差额被称为剩余价值，而资本恰恰来源于剩余价值。这种差额增加了雇主的资金储备继而导致产业集中化，由此不可避免地催生出了一个少量资本家凌驾于大量劳工之上的社会。随之而来的，便是以夺取权力和建立共产主义政权为主题的无产阶级革命。

马克思于 1847 年加入了正义者同盟，该同盟由一群流亡到法国巴黎的德意志难民于 19 世纪 30 年代建立，马克思加入之后，该同盟更名为共产主义者同盟。同年秋天，马克思与好友兼合作者弗里德里希·恩格斯共同创作了《共产党宣言》。这本书不仅提出了一套完整的社会革命学说，而且还提供了实现这一构想的战略指导。该书大体上认为人类的历史就是阶级斗争的历史，而彼时的社会正处于伟大革命力量交会的中心。

马克思与恩格斯，两个改变了人类历史进程的男人

对卡尔·马克思和费里德里希·恩格斯而言，人们想象的或是尝试的大部分社会主义计划都是乌托邦式的，因为这些人认为自己能够和平地重组社会。根据他们的说法，唯有无产阶级革命才能真正打开通往社会主义的道路。

马克思和恩格斯于1844年8月28日在巴黎结识。两个人的背景有着巨大的差异：马克思出生于一个犹太裔中产家庭，而恩格斯则来自保守的富人阶级，但这并不妨碍恩格斯进入柏林大学旁听，并对左派年轻人产生好感。他们熟识后联合编纂的一系列巨著，为社会主义革命奠定了坚实的基础。《共产党宣言》就是他们的巨著之一，该书出版于1848年，同时也恰逢欧洲起义的浪潮。马克思和恩格斯不得不流亡英国。有赖于恩格斯良好的财政状况，马克思得以继续进行创作。《资本论》就是马克思流亡英国时期的作品之一。

插图 左起：恩格斯、马克思以及马克思的三个女儿劳拉、艾琳娜和珍妮。拍摄于1864年。

1848 年，马克思和恩格斯先回到巴黎，随后又前往莱茵兰以积极参与正在德国发生的社会革命。他们在科隆创办了《新莱茵报》，通过该刊物，他们得以宣传社会主义理论。他们在德国革命失败后前往伦敦，在伦敦，马克思继续升华他的理论。马克思在 1867 年出版了其著作《资本论》的第一卷，该著作的后续章节在其逝世后相继出版。

《资本论》中所提出的马克思主义学说的原理是理解 19 世纪和 20 世纪社会运动的基础。我们可以看到这些原理的本质基于黑格尔辩证法，而后者则受现实主义的影响，并具有强烈的达尔文主义色彩。同时还应当强调的是，马克思对政治和经济的了解以及兴趣促使他注重观察研究工人们的工作条件。

革命年代

革命年代是历史学家对 1848 年的评价。这场 19 世纪的第三次革命浪潮（另两次分别发生于 1820 年和 1830 年）始于法国，并充满了有着民族主义意味的自由主义色彩。这些工人运动第一次证明了工人们可以有组织地联合起来。虽然革命被扼杀了，但很明显，旧日政权也不会再有容身之处。

插图 1848 年《特里尔的政治会议》，由约翰·维尔腾创作的布面油画（收藏于西蒙施蒂夫特市博物馆）。

达尔文与物种进化论

1831年，一个22岁的年轻人查尔斯·达尔文登上了小猎犬号[14]并作为随船博物学家在全球进行科学考察。这次考察历时五年，达尔文在此期间收集了大量有关动物学、植物学、地质学、地理学以及古生物学的数据。这些数据让他能超越简单的描述，更加直观地解释为什么地球上不同物种之间既有差异也有相似之处。自然选择理论由此诞生，该理论在1859年发表的《物种起源》中被提出。达尔文理论因涉及不同的意识形态，其影响已经超出了生物学领域。例如，体现在彼得·阿列克谢耶维奇·克鲁泡特金亲王身上的无政府主义就受到了达尔文理论的影响。

右图　康瑞德·马丁（Conrad Martens）创作的水彩画《小猎犬号》（收藏于肯特郡达尔文故居）。

雀鸟　达尔文在加拉帕戈斯群岛发现的雀鸟物种与他在美国所观察到的有所不同。他的进化理论基于这样的思想：物种间的差异源于不同物种对不同环境的适应。

上图　伊丽莎白·古尔德（Elizabeth Gould）为《贝格尔号之旅的动物学》创作的版画中的雀鸟。

查尔斯·达尔文在“小猎犬号”环球航行期间使用的六分仪（收藏于伦敦皇家地理学会）。

[14] 即贝格尔号。——译者注

远征 “小猎犬”号载着达尔文于 1831 年 12 月 27 日从英国南部的普利茅斯港口离岗，开启了它的第二次远征。经过 4 年 9 个月的航行，该船于 1836 年 10 月 2 日在法尔茅斯停靠。环球期间，达尔文在陆地上度过了 3 年 3 个月，在海上度过了 18 个月。

达尔文，从猴子到智人

达尔文于 1871 年出版了《人类的由来及性选》[15]。他将人类归为动物王国中的一个物种。

肖像 尽管身体欠佳，但达尔文还是继续他的研究工作，并出版作品直至1882 年去世。上图为博物学家达尔文。由茱莉亚·玛格丽特·卡梅隆（Julia Margaret Cameron）在达尔文位于怀特岛的乡间别墅拍摄。

笔伐与嘲笑 人类进化的理论在当时的社会中引发了激烈的讨论，一些刻薄的观点往往以诸如上图的讽刺漫画的形式出现。上图发表于讽刺杂志《庞奇》。

[15] 又称《人类起源》。——译者注

马克思、巴枯宁和克鲁泡特金：从社会主义到无政府主义

达尔文的理论很快被19世纪下半叶马克思主义以及无政府主义的社会意识形态所吸收。这两种主义都认为平等社会是社会所能演变到的最高形式，但在如何实现这一最高形式的方法上却各执一词。

卡尔·马克思　这位社会主义与阶级斗争的伟大思想家接受参与政治游戏。上图拍摄于伦敦（收藏于特里尔市马克思故居）。

于1864年在伦敦成立的国际工人协会又叫作第一国际，该协会强调人们应当将工人运动的内核划分为两种意识形态：一是马克思和恩格斯的科学社会主义思想，二是米哈伊尔·亚历山德罗维奇·巴枯宁的脱胎于集体主义的无政府主义。这两者无论在任何领域的理论或实践方面都有分歧，所以根本不可能兼容：当马克思主义站在阶级斗争的角度看待世界时，巴枯宁主义则优先考虑面对阶级概念时个体行为的自由，而阶级概念则被认为是绝对的资产阶级概念；如果马克思视无产阶级专政为社会主义国家的前身，巴枯宁则拒绝一切权威，不管这种权威是不是暂时的，他都主张进行一场能抹去国家任何痕迹的彻底革命。两者间的分歧日益尖锐，并最终在第五届国际工人协会会议上转变为实实在在的唇枪舌战，该会议于1872年在海牙举办。也正是在同一年，巴枯宁写下了《关于马克思的私人报告》并通过该文章指控那位《资本论》的作者正计划建立一个巨大的、据说还颇受欢迎的泛日耳曼主义国家……巴枯宁于1876年去世，他的思想被以研究地理而闻名的彼得·阿列克谢耶维奇·克鲁泡特金亲王所吸收。后者的理论在很大程度上受到了达尔文的影响，并催生出了无政府主义，该主义认为，社会须由集体共同管理。

米哈伊尔·亚历山德罗维奇·巴枯宁 无政府主义之父的思想并非完全自洽，比如他思想中的仇外主义和反犹太主义。该照片由纳达尔于1865年拍摄。

彼得·阿列克谢耶维奇·克鲁泡特金 这位亲王的社会良知在他被派遣至西伯利亚服兵役期间觉醒了。左图拍摄于1913年。

马克思主义很快就成了一种政治信条。马克思敦促他的追随者和他发展的党员遵守这个信仰。不久，马克思便被人们视为一位前来救赎工人阶级的先知。他的教条主义门徒禁止党内的任何人对马克思的理论评头论足，并且那些偏离了正确道路的人，就算没有第一时间被当成是敌人，也会立即被逐出党派。得益于这种教条主义以及铁律，马克思主义在无产阶级中拥有一席之地的同时也成了 19 世纪末工人党派的主导思想。这些马克思主义党派逐渐登上了欧洲各国的政治舞台：19 世纪末的法国已经有了 100 万名共产主义的拥护者；德国社会民主党成立于 1875 年，并在 19 世纪末拥有 110 名众议员；西班牙人巴博罗·伊格莱西亚斯于 1879 年在该国成立了以马克思主义学说为基础的社会主义工人党派；英国工党成立于 1900 年，并吸引了大量的工人、教师以及知识分子。

无政府主义与共产主义

在 1872 年伦敦世界博览会举办期间，一个由来自不同国家的工人出席的会议也在英国的首都同步召开。两年之后，在圣马丁音乐厅召开的另一场会议促成了国际工人协会的建立。

由国际工人协会（第一国际）选出的常务委员会的总部位于英国首都伦敦。这个委员会由诸多代表组成，其中又以英国代表占大多数，代表也有法国人、意大利人或是德国人——显而易见，马克思也是代表之一。彼时，这位《共产党宣言》的作者更希望专注于这个全新协会在实际组织过程中的固有任务，而不是对着一些理论纸上谈兵。第一国际迅速在整个欧洲开枝散叶，甚至也触及大西洋另一头的美国。在美国也有数位工人代表宣扬他们的理论，并广泛地吸收工人拥护者。第一国际在各个国家设有分部，而常务委员会的总部则位于伦敦。该协会的章程规定每年召开一次全体会议，并由包括各国代表在内的总理事会确立指导方针。

尽管取得了一些初步的成功，但是由于两股针锋相对的潮流的出现，国际工人协会的发展还是受到了阻碍。这两股潮流分别是由卡尔·马克思领导的社会主义潮流和以米哈伊尔·亚历山德罗维奇·巴枯宁（1814—1876 年）为代表的无政府主义潮流。这两个人对无产阶级革命的观念截然不同。如果说马克思主张工人们通过与国家斡旋的方式获得政治权力，并且他们只有在取得统治权之后才会发动革命，那么巴枯宁则只是单纯地希望国家机器直接消失。

米哈伊尔·亚历山德罗维奇·巴枯宁来自一个俄罗斯贵族家庭，他以兼具神秘主义和暴力的奇怪个性而著称。他坚信人性的美好，但他也认为这种美好已经被一些框架——国家、教会、司法或者军事——摧毁了，因此必须除恶务尽。这一目标一旦实现了，人们便可以快乐地生活，也不会有任何阻碍来限制人性中的真善美的发展。巴枯宁的无政府主义学说在地中海盆地的工业欠发达国家中非常受欢迎，如意大利、西班牙和巴尔干地区国家。这些国家的经济主体基本上都是农业，生活在其中的贫困农民对无政府主义者的演讲充满了激情，因为他们预言一个既没有统治者也没有统治团体的集体天堂即将被创造，每个人都会过上幸福的生活。这两股相冲的潮流迅速引发了第一国际的内部分歧，这一分歧在 1872 年的海牙大会上被彻底激化，巴枯宁和他的无政府主义支持者被逐出了该组织。这一事件重创了第一国际，该组织的最后一次大会于 1873 年在日内瓦召开。1876 年，第一国际的几位成员在费城宣布解散该组织。

我们在地理学家、博物学家彼得·阿列克谢耶维奇·克鲁泡特金（1842—1921 年）的观点中发现了巴枯宁的大部分思想，前者同样是一位俄罗斯贵族。克鲁泡特金是达尔文进化论的坚定支持者，同时也被认为是无政府主义运动的主要理论家之一。克鲁泡特金提出了一种互助理论，这是对达尔文进化论更宽泛的见解，该理论认为，人类的本性是相互合作，而不是相互竞争。无政府主义论点的核心在于废除一切形式的政府，以造福于一个不需要任何国家机器的，并以互利互助（克鲁泡特金巨著的标题即是《互助：进化的一种因素》[*L' Entraide : un facteur de l' évolution*]）为

第四阶级

朱塞佩·佩利扎·达·沃尔佩多（Giuseppe Pelliza da Volpedo）创作于 1901 年的《第四阶级》是一幅具有表现力和象征性的作品。在这幅作品中，来自农村的无产阶级作为社会新的多数群体蜂拥而至，完全将旧日体制已经失效的各类组织抛在身后，收藏于米兰二十世纪博物馆（第 70 页—第 71 页）。

干草市场起义和5月1日

1886年的芝加哥成了一个大型舞台，工人为改善自身生活条件和工作条件所进行的一系列抗争中最具戏剧性的一幕在这里上演。5月1日罢工活动的主要诉求是为工人争取最基本的权益，其中包括八小时工作制。罢工活动持续了三天并最终被血腥镇压。

罢工的起因是《英格索尔法案》遭到了无视，该法案提出了八小时工作制，并由安德鲁·约翰逊总统于同年通过。5月1日在美国工业化程度第二高的城市芝加哥，超过200000名工人受到动员参加了这场盛大的罢工活动。然而，惨剧却在5月4日举行于干草市场广场的一次示威活动中发生了，该示威活动旨在抗议前一天示威期间警察的残暴行径。一颗炸弹在180名警察间引爆，并造成了一名警察死亡，随后警察立即向群众开枪反击。镇压活动在随后的几天中持续展开，并有工人遭到了逮捕。被逮捕人士于同年6月被审判。

插图 托尔·德·托尔斯塔普（Thure de Thulstrup）的版画描绘了炸弹在人群中引爆的场景。

原则进行管理的社会。

第一国际解散之后，人们在1889年于巴黎举办的一次国际会议上再次尝试团结全世界的无产阶级，第二国际由此成立，而已经通过使用恐怖主义选择了更暴力立场的无政府主义者未被该组织接纳。

第二国际成立的前一年，工会成员在美国的圣路易斯举行了一次会议。在这次会议上，成员们同意将每年的5月1日定为国际劳动节。这一节日将是个进行全球性示威的契机，能够更好地为工人们争取八小时工作制，抑或是要求采取其他能够改善工作条件的社会措施。人们选择5月1日是为了纪念1886年的干草市场起义：该起义

芝加哥殉道者 对出现在干草市场事件中的无政府主义的工会主义者的审判于 1886 年 6 月 21 日开始。8 人被起诉，5 人被定罪并处以死刑。这 5 位分别是：奥古斯特・斯派司（August Spies）、乔治・恩格尔（George Engel）、阿道夫・菲舍尔（Adolph Fischer）、阿尔伯特・帕森斯（Albert Parsons）和路易斯・林格（Louis Lingg）。他们就是“芝加哥殉道者”，为了纪念这些人，第二国际于 1889 年宣布将 5 月 1 日定为国际劳动节。

最终被血腥镇压，很多工人成为受害者，他们中的一些人甚至付出了生命的代价。

于 1891 年举办的第二国际第二次代表大会通过了圣路易斯的工会提案，并正式宣布 5 月 1 日为国际劳动节 [16]。第二国际从 1900 年起将其常务委员会设置在了布鲁塞尔。第二国际特地采取了各国党派自主管理的结构模式，以避免权力的过于集中。一个小型常务委员会的存在是为了方便各国党间能相互交流，同时常务委员会也会组织代表大会并指明行动方针，但并不强制执行。

随着第二国际的建立以及无政府主义者的被淘汰，工人阶级成功地争取到了更

[16] 一说是 1889 年的第二国际成立大会通过了国际劳动节的提案。——译者注

好的工作条件以及一些福利，这有助于他们在社会中拥有较为舒适的生活。与此同时，一些社会主义者也开始纠正他们在面对资本主义和资产阶级时的激进立场。这些社会主义者同时也要求减少阶级斗争。这些人被称为修正主义者，并逐渐演化为社会民主主义者。

工会运动

工人社团的最初尝试没有迎来社会主义的曙光。工人社团最初起源于英国，可追溯到 19 世纪的前几十年。这种社团形式被所谓的“反抗基金”具体化了。“反抗基金”的本质是一种互助制度，其原理是让一些经济条件较好的工人进行捐款，以资助那些因为罢工或者被老板解雇而没有收入来源的工人。政府对此的反应是通过宣布罢工不合法或镇压街头抗议的手段来禁止这些工人社团的活动。当局的敌对态度并不能阻止工会运动的继续，也不能阻止公司中工人社团的建立，更不能阻止英国大型工人社团“工会”的创办。“结社自由”在 1825 年为人们所熟知，全国劳工保护协会（National Labor Protection Association）于 1830 年成立，并迅速吸收了 100000 名会员。木匠威廉·洛维特（William Lovett）和裁缝弗朗西斯·普莱斯（Francis Place）于 1838 年发表了《人民宪章》（*The People's Charter*）。他们提出了一个旨在扩大男性普选权以及进行其他选举改革的政治方案。宪章运动在工人阶级中迅速开枝散叶，随后逐渐演变成了对工业化弊端的谴责，进而鼓励进行一系列的改革。尽管宪章运动的内核是政治，但其真正的诱因却是群众普遍的不满。然而，该运动在 1842 年的失败，促使工人运动朝着完全工会化的方向发展。

19 世纪下半叶，一场以牢固组织为基础的真正的工会运动拉开了帷幕。在那之前的为工人谋福祉的星星之火因此熄灭，取而代之的是烧遍整个欧洲的燎原大火：工会于 1871 年在英国、1881 年在西班牙、1884 年在法国和 1890 年在德国相继得到了法律承认。工会在 1880 年之前绝大多数成员都是来自建筑业、印刷业、煤矿业或是织造业的相关技术工人。工会的首要任务是关注工人的健康、进行事故的预防以及在工人生病或死亡的时候向其家庭提供援助。其成员只是偶尔展开罢工活动以要求更好的工作条件、更少的工作时间以及更高的工资。始于 1886 年的经济增长也伴随着工会主义的迅速发展，务农人员和没有技术的劳工也可以加入工会。罢工活动的次数不断增加，并且也越发强硬。矿工和玻璃工人于 1886 年在比利时就发起了一场强硬的罢工活动，之后，英国伐木工和德国鲁尔盆地的矿工在 1889 年也发起了类似的罢工活动，法国伐木工也分别于 1891 年和 1892 年罢工。

工会运动的强劲势头促进了社会生活的改善，但也因为分裂为不同的运动而变得脆弱。因此，我们能看到 19 世纪欧洲各国的工会为巩固自身，而出现了统一化和联盟化的趋势。法国的工会在 1895 年成立了总工会（法文“Confédération générale du travail”，CGT），总工会起初和政治或是议会活动没有任何关系。而英国工会大会的创立本意是将不同的工会召集在一起。但和法国不同的是，英国的工会同意参加政治生活，并最终催生了 1900 年的工党。德国和意大利的工会主义分裂，但是有社会主义倾向的工会设法团结了数量庞大的成员。

教会与基督工会主义

天主教教会最初对工人运动完全不了解。无产阶级的诞生和工人们不稳定的生活状况是工业革命的直接后果，这是天主教教会和其他新教，都不能过分谴责的现象，以预防资本主义体制显而易见的绝对泛滥。

那些代表教会的人——无论是教徒还是世俗人员——甚至不能给予工人们精神上的安慰。面对工人们的悲惨生活，他们只求慈善但不论正义。牧师们站在他们的讲道台上，神甫站在他们的教堂里，统统把工人们遭受的罪归咎于他们本身的恶。在 19 世纪，天主教教内上下开始渐渐意识到自资本主义兴起以来工人阶级的可怕处境。美因茨主教威廉·伊曼纽尔·冯·凯特勒（Wilhelm Emmanuel von Ketteler）是天主教中较早能够勇敢地正视无产阶级问题的人之一，而如何解决这些问题已然迫在眉睫。他的一些想法可以帮助无产阶级改善生活状况，同时也对工人协会有利。他的担忧也促成了最早的天主教工人协会的成立，该协会除了有物质上的诉求之外，还倡导工人们重塑自身的道德观和宗教价值观。

从那时候开始，罗马教会越来越关注“社会问题”了。教皇利奥十三世（1810—

《新世通谕》，一份社会通谕

1891 年 5 月 15 日，罗马教皇利奥十三世颁发了几份通谕，使教会能够在工业革命引发的无产阶级在政治或经济上的问题和冲突中斡旋调停。

面对工业化和坚固的资本主义经济系统所带来的不公，天主教会迟迟没有做出反应。直到 1891 年，有关上述问题的第一谕还没有颁布，而那时的社会相较旧日政权下的社会已经彻头彻尾地改变了。面对革命运动和无政府主义运动的兴起，由还未彻底成为无神论者或反教权者的唯物主义者所定义的恐惧催生了教会通谕《新世通谕》。

通谕的发布者是罗马教皇利奥十三世（上图），他于 1878 年出任教皇之后，将梵蒂冈转变为了一个活跃在欧洲外交舞台上的调停工具。他的通谕并没有质疑那些既定秩序（比如私有产权被视为自然赋予的权利），同时，他也呼吁工人中的天主教徒拒绝任何革命性的诱惑，不过他也要求工资平等、国家维护社会的正义。

1903 年）在 1891 年终于决定发布《新世通谕》。这份最高文件清楚地阐明了在面对现代化所带来的问题时的基督社会教义。天主教会强烈谴责社会主义，是因为其具有唯物主义的属性，并且选择了阶级斗争来强调其社会学说。天主教会还捍卫了工人享有不动产和组建家庭的权利。《新世通谕》的作者坚持主张国家干预，即国家应制定相关法律来保护人口最多的、最脆弱的阶级。同时该通谕还鼓励工人们成立天主教工会来捍卫自己的利益。《新世通谕》发布之后，在基督教激励下的工会运动几乎随处可见，甚至都有了泛滥的趋势，比起在工业工人群体中，这种现象在农业工人中更加风靡（除了在法国、意大利和比利时以外）。

罢工运动

德国画家罗伯特·科勒（Robert Koehler）受到美国工人斗争的启发创作了油画《罢工》（1886 年），该斗争场面的原型就是干草市场起义。科勒的这幅作品描绘的是工人阶级斗争中最著名的一幕：愤懑的工人戴着大礼帽聚集在工厂主的面前（收藏于柏林德国历史博物馆）。

德国

菲利普·维特（Philip Veit）于1848年创作的油画《日耳曼尼亚》喻示着一个崭新国家的到来（收藏于纽伦堡德国国家博物馆）。

插图（右侧） 一顶19世纪末普鲁士军官的头盔。

民族主义的发展

拿破仑一世于 1814 年倒台，随之出现的欧洲民族主义浪潮极大地重塑了欧洲政治地图。这些民族主义浪潮有时候能让几个分散的民族组成一个国家，如意大利和德国；有时候又会瓦解一些强大而古老，并且不同民族共存的国家，如哈布斯堡王朝。

19 世纪初的世界政治地图与 19 世纪末的截然不同。19 世纪初，一些现代国家尚未成立，和今天我们所知的一些国家的边界有所不同。一个新的政治地图在整个 19 世纪逐渐成型。尤其在欧洲，这个新的地图改变了那些成型后的现代国家权力交接的走向。民族主义的兴起在新欧洲的建立中扮演了非常重要的角色。民族主义是 20 世纪后期的所有历史学家、人类学家、政治家和思想家激烈的辩题之一。对于一些所谓的文化民族主义者而言，拥有相同语言和文化的社群自然而然地演化成了现代民族。而其他一些人——诸如埃里克·霍布斯鲍姆和本尼迪克特·安德森——则认为民族是由政治力量“建立”或是“发明”的，或者是由一种观念产生的，而不

民族认同的形成

19 世纪的法国将民族主义作为法国大革命的支柱之一，那时民族概念已经得到了充分的理解。民族主义、自由主义和社会主义是 19 世纪的几种主要思想。

共同的语言和共同的历史是民族主义情绪产生的基本要素。巴姆哈赫庆典的举行就是围绕着这两个要素。从1832年5月27日—1832年5月30日，普尔法茨城堡的周边变成了示威现场，20000名到30000名示威群众要求德意志自由和民族统一。示威群众中的大多数都是学生，他们都是民主主义者或是自由主义者，不过，也有法国人和波兰的流亡者参与到示威活动中。组织者之一雅各布·西本普菲弗（Jakob Siebenpfeiffer）在开幕致辞中高呼："德国万岁！打破束缚加入我们自由联盟的各国人民万岁！"德国的三色旗象征了自由、联盟和公民权利。

右图 这幅版画描绘了诺伊施塔特的游行队伍朝着普尔法茨城堡前进的场景。

意大利的灵魂

新闻工作者、活动家朱塞佩·马志尼是意大利统一进程的推动者，他企图起义却失败了。他的共和与自由主义计划被加富尔的计划所取代，该计划旨在统一意大利，并将其转变为君主立宪制国家。

上图 马志尼油画像，创作于 19 世纪（收藏于米兰博物馆）。

是来自某些生物性的生活方式。无须深入研究历史学家的讨论，我们可以直接将民族定义为一种由很多"同源"个体自发组成的社群，这些个体有相同的家园、相同的历史和相同的文化习俗。如果我们采用这样一个广泛的定义，那么就会发现，民族似乎在 19 世纪之前就已经存在了。在 15 世纪的英国都铎王朝以及法国的波旁君主专制的统治下，人们都拥有敏锐的民族意识。

但是历史学家普遍认为，现代民族主义是 19 世纪上半叶才在欧洲诞生的一种潮流。现代民族主义的原动力是当某些民族面对别的社群的统治时，坚持强调自己的身份和独立性。19 世纪下半叶的民族主义思潮席卷全球。伴随着拿破仑的征服行为，法国统治之下的欧洲人民心中的民族主义情绪被唤醒了。因此，现代民族主义源于对外国权威的抵触，而最初

的外国权威就是法国。

拿破仑帝国在德国、意大利、西班牙、波兰、比利时、俄罗斯和葡萄牙极大地激起了被压迫群众的民族情绪。随后，这些地区的传统习俗、当地机构、文化和乡土语言重新被重视。

拿破仑一世的政策旨在将被征服的国家转变为法国的附属国，并将这些国家转化为满足其王朝野心的资本。拿破仑皇帝可能对如何处理某些欧洲国家反对他的政权的民族主义情绪没有一个很明确的想法，因此，他没有建立能够巩固他政权的牢固政治结构，而仅仅满足于在各处颁布法规以及建立法国行政系统。拿破仑的政策中反复出现的元素只有军事以及大陆封锁。民族主义的产生并不是拿破仑的本意，而是人们对其帝国军事压迫的反应。

浪漫主义为欧洲的一些国家带来了文化复兴。德国一些来自音乐界、文学界或是思想界的名人，诸如贝多芬、歌德、席勒、康德和黑格尔，都给社会的进步带来了很大的影响。哲学家赫尔德和费希特向德国人民指出民族性格独一无二的重要性，而这种独一无二的民族性格是所有文化的根本。这种新生的民族主义的思想支持都来源于柏林大学，正是从那里传出了黑格尔关于国家权力与权威的新哲思。黑格尔的思想在19世纪吸引了德国人、意大利人以及许多其他欧洲人。

民族主义和帝国主义

民族主义的兴起并不是欧洲的独有现象，它也经常被视为是西方国家“出口”到亚洲和非洲某些民族中的政治行为。这一观点的确有待商榷。确实，大部分的非洲人都生活在身份认同尚不明确的社群或者地区中。但在19世纪中叶，西方试图传播基督教信仰和《圣经》，作为回应，一些用本土语言写作的当地知识分子也开始谈论非洲的“人民”。更不容忽视的是，17世纪的印度和埃及以及18世纪亚洲的其他地区也出现了独立主义运动。德川时代于1868年结束，就许多方面而言，此前的日本也是一个民族国家。所以说，民族主义运动并不仅仅局限于欧洲。

民族主义情绪的蔓延并不仅仅是对席卷全球的战争的回应，它还反映了交流的进步和意识形态传播的程度。例如，印度革新者拉姆·莫汉·罗伊可以通过阅读加尔各答的英文报纸来了解拿破仑统治结束后的革命动向，随后就民族自决的主题进行写作。印度兵针对东印度公司于1857年发起的革命以及英国新一轮的进犯，都促使着印度人重新考虑他们在大英帝国所处的位置。随着1868年明治时代的开启，日本成为一个民族国家，同时也成为亚洲民族主义和19世纪80年代非洲民族主义的榜样。19世纪下半叶，美国内战结束之后，该国的民族情绪开始高涨。

这些政治潮流，或是促成了新国家的组建，或是仅仅加强了民族主义情绪。不过，还存在一些少数群体，它们拥有同样的宗教，来自同一种族，共用同一语言或者共享同一种生活方式，但由于规模太小或是太过分散，所以它们无法主张民族自治。俄罗斯的鞑靼人、美国的印第安人和欧洲的犹太人就属于上述情况。对于希望建立新的民族国家的民族主义者而言，少数民族的存在代表着永恒的难题。而一些领导人却认为，可以采取“分而治之”的手段来简化权力的行使。但对于民族主义者而言，出于战略或是文化的考虑，必须找到同化这些少数民族的方法。

对于殖民列强而言，海外领土上的居民和大都市居民间的文化与宗教的次第差异当然能带来好处，但同样也给他们带来了难以克服的难题。这些差异让颁布统一法律、建立统一的行政部门以及合理利用的国家资源变得复杂了。出于民族认同层面的考虑，也为了解决上述问题，殖民列强选择了保留“土著政府”，而不是强行建立欧洲式的政府。但将一种个性化的政府形式应用在完全不同的群众中只能将差距拉大，这种行为最终会使新的民族主义运动在全世界范围内爆发。

1848 年革命

从 18 世纪末到 19 世纪上半叶，在欧洲爆发的革命极大地改变了这片大陆的政治、社会和经济环境。许多国家都被烙上了自由主义运动和民族主义运动的印记：比利时于 1830 年 10 月 4 日宣布脱离荷兰并独立；1830 年 11 月，波兰爆发了反抗俄罗斯统治的起义，但莫斯科政府派遣军队镇压平息了叛乱；次年，意大利北部的叛乱很快被奥地利平息；尽管有所延迟，但西班牙和葡萄牙也经历了动荡，并决心创建自由主义政权，甚至瑞士各州也在呼应 1830 年的革命浪潮。

1848 年初，从英吉利海峡延伸到俄罗斯边境的沿岸国家中，大部分群众有充分的理由对各自的行政当局感到不满。在意大利和德国等国家，这种不满还伴随着对民族独立日益强烈的热情。这种普遍不满的根源是欧洲大部分国家所处的严峻的甚至是灾难性的经济形势。始于 19 世纪之初的工业发展导致了社会的巨大失衡，因为伴随着工业的发展，新的生产方式被引入。同时，工业化杂乱无章的扩张以及不可控的投机行为也是社会失衡的原因。

成千上万的手工业者和工人发现自己没有了工作也没有了未来。同一时期，1845 年和 1846 年的歉收对爱尔兰和波兰造成重创。1848 年的前几个月，中产阶级中的改良派主义者和绝望的工人艰难地结盟，随后从同年 3 月起，革命的浪潮席卷了整个欧洲大陆。

主要革命时间表（1830 年—1848 年）

1830年7月

三日荣耀[17]（**Les Trois Glorieuses**） 巴黎的一场人民起义推翻了国王查理十世，后者流亡国外。

1830年8月

比利时独立 法兰德斯和瓦隆分别脱离了荷兰和英国。

1830年11月

军校起义[18] 这场针对俄罗斯的起义被镇压了。大量爱国人士流亡国外。

1832年5月

巴姆哈赫庆典 德国爱国者聚集在普尔法茨要求统一。

1848年2月

法兰西共和国 先是国王路易·菲利普倒台，再有法兰西第二共和国陷落，随后法兰西第二帝国建立。

1848年3月

匈牙利革命 革命最终变成了匈牙利独立战争。

和 1830 年一样，人们在 1848 年的法国首都巴黎也看到了第一场革命的暴风雨。路易·菲利普建立的资产阶级君主专制政府软弱无能，外加总理弗朗索瓦·基佐拒绝给予小资产阶级和工人投票权，都促成了新一轮革命的爆发。面对越来越多的反对者，路易·菲利普通过限制自由予以回应：1848 年 2 月的“宴会”禁令是革命的导火索，此前人们借举办“宴会”来批判政府。路易·菲利普最终被推翻并逃往英国。法兰西第二共和国随之取代了自由君主制。在最初的几个月，共和国首先由社会主义者和温和派管

[17] 即七月革命，因革命持续了三天故称“三日荣耀”。——译者注

[18] 即波兰 1830 年起义。——译者注

理，但 12 月举行的第一次普选将权力移交到了右派成员的手中。

欧洲的其他国家也爆发了与法国起义相同的革命。在巴勒莫，一场大规模的起义已经迫使那不勒斯的反动国王斐迪南二世接受了宪法。法国大革命所引起反响最为强烈的地区是维也纳。1848 年 3 月 13 日，学生们走上维也纳的街头抗议示威，要求废除审查制度并建立民主自由制度。帝国的镇压恶化了局势，最终，奥地利皇帝斐迪南一世让位于他的侄子弗兰茨 · 乔瑟夫。奥地利统治下的匈牙利爆发了几次起义以要求更多的自由，维也纳政府不得不接受改革以避免流血冲突。在普鲁士，从前那些被

1848 年革命

《1848 年 2 月 25 日拉马丁在巴黎市政厅前拒绝红旗》（收藏于巴黎小皇宫）是菲利克斯 · 菲利普特奥斯（Félix Philippoteaux）创作的油画。作家、诗人、政治家阿尔方斯 · 德 · 拉马丁曾在 1848 年革命期间短暂地任职地方官员。巴黎大起义（2 月 23 日—25 日）之后，临时政府由如同拉马丁这样的温和派共和党人、激进党人和共和党人组成。临时政府最后被法兰西第二共和国取代。

意大利："马赛克国家"寻求统一

19 世纪下半叶，伴随着一系列文化、民族和政治运动——所谓的"复兴运动"（意大利文"Risorgimento"）——的兴起，关于意大利统一的古老梦想才得以被重提。

统一之前的意大利或多或少像是一个由不同邦国拼凑成的"马赛克国家"，其中的各邦国分别由各方势力统治：伦巴第-威尼西亚王国和两西西里王国由奥地利统治，卡纳公国、摩德纳公国以及帕尔马公国的统治权一直在奥地利和法国间更替。意大利半岛的中部地区，教皇国由罗马教皇统治。萨丁-皮埃蒙特王国由萨伏依王朝统治，同时前者也是意大利最终统一的原动力。

左图 照片里的朱塞佩·加里波第，摄于 1866 年。

右图 这幅由德·阿尔贝迪斯（De Albertis）创作的油画描绘了 1860 年 10 月 26 日维托里奥·埃马努埃莱二世与加里波第于泰阿诺会面的场景（收藏于都灵国立历史博物馆）。

压迫的由自由主义者和民族主义者组成的团体开始发出声音——柏林强大的工人阶级提出了许多要求，随后，国王腓特烈·威廉四世不得不于 1848 年 5 月在柏林召开制宪会议。但极左派想要建立共和国，而温和派则对权力有限的君主制感到满意，所以这两者最后分裂了。国王变得更为保守并利用了这一分歧，在容克团体（本身就是贵族成员）的支持下，于 11 月 5 日以武力解散了会议。即使革命火焰的势头从 1850 年开始转弱，欧洲似乎已经从真

正的动荡中解脱了出来，但这一系列的革命事件还是削弱了旧日制度的最后残余。这些革命者还倡导建立民主议会制的政治体系。最终，意大利以及德国的统一进程也在这场革命浪潮中得到了推进。

意大利统一

19 世纪中叶的意大利半岛被分为许多邦国。半岛的南部是波旁王朝的两西西里王国，中部是教皇国，北部则是托斯卡纳大公国和摩德纳小公国以及帕尔马小公国。伦巴第-威尼西亚王国由奥地利统治，萨伏依王朝（拥有撒丁岛）则掌管皮埃蒙特。这些邦国拼拼凑凑，完成了意大利的地缘政治版图。

在意大利人的心目中，拿破仑的统治极大加强了半岛各国的统一思想。尽管这些国家之间仍旧存在巨大的政治、社会、经济和文化差异，但法兰西政府还是让他们隐约看到了中央集权的好处，并且也让他们感到终结根深蒂固的封建制度也许不再是奢望。拿破仑一世倒台后，1820 年与 1830 年的一系列革命使意大利北部的人明白，如果不先摆脱奥地利的控制，那么就不可能实现半岛的统一，并且他们只能在外部强国的帮助下才能完成这一宏愿。

热那亚人朱塞佩·马志尼曾与烧炭党合谋发动人民起义以实现国家团结，随着 1830 年革命的失败，他的策略也改变了。马志尼于 1831 年被流放至法国马赛，并在该地成立了青年意大利党，以建立一个共和、独立和自由的国家，但他的几次起义尝试均以失败告终，随后他于 1837 年前往巴黎。尽管马志尼没有实现他的梦想，但他却被认为是意大利统一的真正鼓舞者。从那时候起，罗马教皇便开始统一意大利各国。文森佐·乔贝蒂（Vincenzo Gioberti）于 1843 年发表了《意大利公民道德》（*Primato morale e civile degli italiani*），在该书中乔贝蒂全心全意地呼唤一个在罗马教皇庇护下的意大利联邦。乔贝蒂的思想逐渐凝结成了“新归尔甫主义”思潮。“新归尔甫主义”这个名词的出处是“归尔甫派”[19]，后者在 12 世纪支持罗马教皇，而与之对立的吉伯林派[20]则支持神圣罗马帝国。

罗马教皇庇护九世在其任期的前几年采取了令奥地利人感到担忧的自由主义举措，因为这些举措似乎会促进意大利半岛的统一。但是在 1848 年的革命爆发之际，新归尔甫运动却被瓦解了，因为教皇断然拒绝派遣梵蒂冈军队以抵抗奥地利敌人。教皇的态度激起了群众对高级神职人员的敌意，庇护九世不得不于 11 月 24 日伪装成神父逃离罗马。

[19] 又称教宗派。——译者注
[20] 又称皇帝派。——译者注

以法国为首的几个天主教国家随后伸出了援手，前者包围了罗马共和国。冒险政治家朱塞佩·加里波第组织了教皇国首都的防御工作，他是促成意大利统一的英雄，尽管最后他没能阻止法国军队进入罗马。

从加富尔到加里波第

1848 年的民族起义失败之后，意大利统一的捍卫者们将目光转向了统治萨丁-皮埃蒙特王国的萨伏依王朝，希望其能满足他们的诉求并支持他们的统一大业。但是国王卡洛·阿尔贝托在 1849 年被奥地利打败后被迫退位，传位于其长子维托里奥·埃马努埃莱二世，后者于 1852 年任命卡米洛·奔索·加富尔（加富尔伯爵）为首相以推进统一进程。政府首脑加富尔是自由贸易的倡导者，同时，他也十分欣赏英国的议会制，他还创办了报纸《复兴》（*Il Risorgimento*）。在对内政策方面，加富尔完善了铁路网络，维护了中产阶级的权益，并强化了军事实力。他还勒令教会纳税并没收了宗教团体的土地，国家收入随之大幅增长。

在外交政策方面，加富尔向克里米亚派遣部队，与奥斯曼帝国一同抵抗俄罗斯侵略者。这一决定强化了萨丁-皮埃蒙特王国与英法两国之间的友谊。在 1856 年的巴黎和会上，加富尔极力为处在奥地利威压下的意大利争取权益，尽管没有任何具体的措施被采取，但加富尔还是赢得了拿破仑三世的支持，“意大利问题”也在国际上引起了反响。1858 年，加富尔与拿破仑三世在孚日的普隆比耶尔莱班会晤，两人签署了一项秘密条约，即加富尔将尼斯和萨瓦交予法国，而作为交换，法国则需帮助意大利驱逐其北部的奥地利人。教皇则不会受到影响，斐迪南二世也会留在那不勒斯。拿破仑三世的军队进入意大利北部，在马真塔和苏法利诺击溃了奥地利国王弗朗茨·约瑟夫的军队。但 1859 年《维拉弗兰卡停战协议》（*l'armistice de Villafranca*）的签订让加富尔猝不及防，因为他本以为法国的支持立场会更加坚定。失望的加富尔辞去了首相一职。然而，摩德纳、帕尔马、托斯卡纳与罗马涅四个邦国却通过全民公投并入了皮埃蒙特。四个中部邦国的并入推动了统一的进程，不过，半岛其余地区的统一问题仍旧亟待解决。一场针对弗朗西斯二世的起义于 1860 年

卡米洛·奔索·加富尔伯爵，意大利统一的领军人物

维托里奥·埃马努埃莱二世于 1852 年任命加富尔伯爵为萨丁–皮埃蒙特王国首相，后者致力于实现统一意大利的古老梦想。加富尔跟随着其前任马西莫·阿泽利奥（Massimo d'Azeglio ）的脚步，继续展开统一意大利的工作。阿泽利奥是一位温和派民族主义者，他说出了复兴运动中一句著名的话："意大利人会照顾好自己。"

加富尔善于与各方势力进行谈判，而往往这些势力都有可能为他提供支持，这种能力让他在所有尝试统一意大利的领导人中独树一帜。他首先将拿破仑三世的法兰西视为促进统一的盟友，而随着统一进程的推进，他们迟早会直面来自奥地利的压力。但加富尔并不满足于此：他深知如果想要促进统一，萨丁–皮埃蒙特必须强大起来并实现经济现代化，故而他施行自由主义政策，使该国迅速成为意大利半岛上最发达的邦国。不过，聚集在共和党人朱塞佩·马志尼身边最为激进的爱国者却批判加富尔的政策过于老旧。

插图　弗朗西斯科·海耶兹（Francesco Hayez）创作的加富尔伯爵肖像（收藏于米兰布拉雷画廊）。

4月在西西里爆发。加里波第立即集结了“千人队”（或者叫“红衫军”）回应反叛者的求援，并于5月5日从热那亚起航。6天之后，加里波第与其部队在马尔萨拉登陆，并在不久之后进入巴勒莫。加里波第以国王维托里奥·埃马努埃莱二世的名义在西西里掌权。来自西西里的消息把弗朗西斯二世吓得胆战心惊，后者立即对自己的国家进行了一番政治改革。尤其是他修改了宪法并致力于建立一个自由主义政府，但这并不能阻碍加里波第前进的势头，后者于9月7日越过了墨西拿海峡。加里波第随后占领了那不勒斯，并于该地宣布意大利南部共和国成立，同时也向罗马派遣了一支远征队。与此同时，由于局势发生了变化，

新国家的英雄

1860年5月15日的卡拉塔菲米战役是千人队（红衫军）征讨过程中最有决定性意义的一役，敌视波旁王朝的西西里志愿者纷纷奋起与红衫军并肩作战。也是在这场战役中，加里波第说出了他的著名口号：“在这里，我们要么造就意大利，要么死！”该油画由雷米尔·雷加托（Remigio Legat）创作（收藏于罗马中央博物馆）。

威尔第和瓦格纳：音乐中的民族主义

民族主义问题的解决办法不仅仅只局限于各类斗争和高级政治。艺术家也有发言权，尤其是那些歌剧作者，他们把语言与音乐结合在一起，进行艺术上的创作，能更好地为大众发声。从这个层面上来说，朱塞佩·威尔第和理查德·瓦格纳的作品都具有极大的象征意义，两者同于 1813 年出生，并且他们的作品都分别表达了意大利和德国对自由独立的渴望。威尔第的歌剧《纳布科》与威尔第希伯来合唱团所传递的精神被民众们解释为爱国主义。而威尔第的大名甚至作为一种政治符号“威尔第万岁！”被写在了一堵墙上，这是对音乐家极大的认可，也是对国家的称颂，因为威尔第同时也代表着“意大利国王维托里奥·埃马努埃莱二世”（Victor-Emmanuel Roi D'Italie）。瓦格纳于 1849 年参加了左派的德累斯顿民族主义起义，不过，随后便被流放到了苏黎世。在德国神话传说的启发下，瓦格纳在苏黎世完成了一系列的音乐剧，以传达他的爱国主义思想：诸如《罗恩格林》《帕西法尔》和鸿篇巨作《尼伯龙根的指环四部曲》。

威尔第的米兰斯拉卡大剧院 朱佩塞·威尔第的大部分歌剧都在米兰的斯拉卡大剧院进行首次公演。该剧院在 1778 年开幕，并于首日上演了安东尼奥·萨列里的歌剧。如今的斯拉卡大剧院已经成为欧洲的抒情圣所之一。威尔第在斯拉卡大剧院进行首演的作品有他的处女座《奥尔贝托》（1839 年），还有《纳布科》（1842 年）以及《伦巴第人在第一次十字军中》之后，两者点燃了一直处在奥地利统治压迫下的人们的爱国主义激情。

瓦格纳的剧院 有赖于巴伐利亚的路易二世，瓦格纳能够为他的音乐剧专门修建一座剧院，该剧院名为拜罗伊特瓦格纳节日剧院，于 1876 年落成。

意大利统一后的剧院 斯拉卡大剧院于1845年举行了《圣女贞德》的首次公演，在此之后威尔第便离开了米兰。直到奥地利人撤出米兰10年之后，1869年他才再一次回归了斯拉卡大剧院。大师的这番回归为欧洲人带来了歌剧《阿依达》（1872年）——该作是为庆祝苏伊士运河的开通而创作的——和《奥赛罗》（1887年）以及《法尔斯塔夫》（1893年）。

上图 版画中为斯拉卡大剧院一隅。创作于19世纪初期。

对立的巨匠

威尔第和瓦格纳以截然相反的方式统治了歌剧界，前者坚守传统，而后者则着眼于未来。

朱塞佩·威尔第 他为意大利歌剧界带来了革新。威尔第的座右铭是："回归古典即是进步。"上图为乔瓦尼·波尔蒂尼油画作品（收藏于罗马国立现代艺术美术馆）。

理查德·瓦格纳 他为未来的音乐奠定了基础：瓦格纳放弃了他认为已经过时了的歌剧，并用音乐剧取而代之，对他而言，音乐剧代表了艺术作品的全部。

加富尔重新执掌皮埃蒙特政府。加富尔无法容忍加里波第的阻挠，在法国的默许下，他派遣军队前往教皇国以免其落入红衫军之手，因为后者企图将该国纳入他们的共和大计中。1860 年 11 月初，维托里奥・埃马努埃莱二世抵达那不勒斯，受到了加里波第的热烈欢迎，后者也不得不放弃了建立共和国的意图。那不勒斯王国并入皮埃蒙特，这一事件促进了意大利王国的诞生，1861 年在都灵召开的议会宣布该城市为首都。都灵最终成为了首都实在令人难以置信，因为该市位于意大利半岛的北部，后来新的政府首脑于 1865 年迁都佛罗伦萨。至此，只有威尼斯和罗马还没有并入统一之后的意大利。加富尔于 1861 年 6 月 6 日去世，当时他的举动对于民族团结的实现可能具有决定性作用。

罗马问题

意大利虽已看似统一，但这个新王国的首都问题以及统一所有邦国的问题仍没有解决。意大利的统一仍旧面临着两大阻碍。其一，如何兼并仍处在奥地利统治之下的威尼西亚，拿破仑三世本身就对萨伏依王朝的并入感到不满，因为他并不想看到新国家继续发展。其二，还有教皇国的问题，大多数的天主教众都不想看到教皇国落入维托里奥・埃马努埃莱二世之手。

只有对外部冲突加以利用，才能征服这些领土。普奥战争前夕，俾斯麦宰相在法国的赞成下与意大利缔结了一项条约：意大利将和普鲁士同时向奥地利宣战，而普鲁士则授予意大利占领威尼斯的权力。战争于 1866 年爆发，奥地利的军队阻止了意大利入侵的企图，威尼西亚甚至还占领了伦巴第的一部分。不过，俾斯麦的军队却大获全胜，后来，于 1866 年在维也纳缔结的和平条约将威尼西亚割让给了法国，而后者又将其割让给了意大利。在几天之后的一次公投中，威尼斯人以压倒性的票数同意并入意大利王国。

至此还有教皇国亟待兼并，该邦国数个世纪以来一直代表着教皇的临时权力。教皇庇护九世主张自由，同时也对意大利有着强烈的爱国情结。不过，后来他对 1848 年革命的结果感到失望，并十分警惕不奉行宗教主义的萨伏依王朝的野心。

最后的君主

路易·拿破仑·波拿巴于1848年当选法兰西第二共和国总统。三年后，路易·拿破仑发动政变，并修改了宪法，最终他成了法兰西帝国的皇帝，拥有了新的名号：拿破仑三世。所以他既是短暂的法兰西第二共和国唯一总统，也是法国的最后一位皇帝。帝国军队于1871年在色当战役中被普鲁士击溃，随之崩溃的还有路易·拿破仑的法兰西第二帝国。

插图 伊波里特·费隆德汉（Hippolyte Flandrin）绘制的拿破仑三世肖像（收藏于凡尔赛宫国家博物馆）。

普法战争于 1870 年 7 月爆发，转机就此出现。因为战争才刚刚爆发，所以拿破仑三世不得不撤回奇维塔韦基亚（靠近罗马）的法国驻军。意大利人借机夺取了罗马这个“永恒之城”，因为势单力薄的宗座卫士近卫队根本无力独自守城。9 月 20 日，意大利人未遭遇任何大规模反抗，便通过庇亚门长驱直入。教皇拒绝投降，也没有签署任何协议，他在梵蒂冈的奎里纳莱宫画地为牢，并自称囚犯。教皇避居梵蒂冈，直到 1929 年一系列条约于拉特兰签订。最终在 1871 年 8 月初，意大利王国宣布罗马为该国首都。

尽管意大利就此完成统一，但振兴这个新国家的过程缓慢而又艰辛。北部地区工业化发达且繁荣，南部地区以务农人员及贵族占主导地位，二者差距巨大。刚刚结束的一系列战争和行政管理的高昂支出都使该国债台高筑。从无数寺院和修道院中没收的财产也只是杯水车薪，根本无法保证国家的偿付能力。尽管统一梦圆了，但新国家也遭到了巨大的摧残，丝毫没有资格被列为当时的欧洲列强。

德意志统一

与意大利的情况一样，德意志统一的进程也是由该国的一个邦国推动的。德意志的这个邦国是普鲁士。我们可将这两场独立运动视作民族主义对拿破仑占领行为的回应，意大利与德国的统一运动与1850年—1870年的欧洲大陆历史密不可分。无论是否出于本意，两场运动互相促进。两国的领导人必须面对一个共同的敌人，即强大的奥匈帝国，也必须面对一个中间势力，即拿破仑三世的法兰西第二帝国，最后还必须面对同样的宗教力量，即天主教会。如果我们能够厘清前者之间错综复杂的关系，那么我们就能深入理解这两场统一运动。

不过，德意志与意大利各自的统一进程仍旧差异巨大。当时的普鲁士与德意志其他地区一样，拥有雄厚的经济实力以及更加现代化且高度发达的工业结构。同时，普鲁士的财政储备较当时的意大利也更有优势。还应指出的是，铁路通信的发展以及矿产资源的开采也大大促进了德意志工业的进步。德意志已经实现了军事现代化。赫尔穆特·冯·毛奇元帅采取了全新的军事策略，该策略主要是通过现代化的运输手段来保证部队的行军速度以及军需的供给。工业革命之初，德意志就从重型火炮生产中获益。简言之，那时的德意志确实有资格改写著名的《孙子兵法》，因为他们能做到迅速地将武器派往有需求的地方。19世纪中叶的普鲁士已经完全成了中欧的资本大国，而彼时的意大利在欧洲南部却丝毫没有影响力。

两种统一德意志的思潮，有着天壤之别。一个主张建立大德意志，并臣服于有着百年历史的奥地利帝国，这一解决方案涉及奥地利治下的马扎尔人、波西米亚人、波兰人和斯拉夫人并入德意志统一的进程。而由普鲁士主张的小德意志则旨在建立一个联邦国家，但必须把奥地利和其治下国家排除在外。

1834年，普鲁士与几乎所有德意志邦国（奥地利除外）缔结了德意志关税同盟，旨在令成员邦国间贸易自由化。1860年，又有几个协会成立以改善该关税同盟，各成员邦国随后在1861年成立了商会。德意志的法律学家也开始着手统一德意志各邦国的现行法律。

在政治和思想层面，一些政客开始发起并坚定地支持民族主义倾向的运动，这些运动的核心是拥护普鲁士的领导。这些政治运动作为一种意识形态已经广泛地渗透到中产阶级、公务员和知识分子中，因此在民众中的呼声很高。我们可以列举一些金融界和工业界中的重要人物，比如发电机的发明者沃纳·冯·西门子，他承包了整个德国的电报业务，还有赫尔曼·海因里希·迈耶（Hermann Heinrich Meier），他在不来梅成立了北德意志-劳埃德航运公司。总而言之，由普鲁士带领的德意志统一进程可以依赖广泛的社会及经济支持，这是以前的民族主义运动所没有的优势。

柏林，新兴首都

普鲁士在欧洲崛起，在解决了与奥地利和法国的冲突之后成功完成统一，随后于1871年将柏林定为德意志帝国的首都。1850年的菩提树下大街街景，从左至右：大学的校舍，新近卫军，柏林军械库。威廉·布鲁克的（Wilhelm Brücke）作品（收藏于汉诺威下萨克州历史博物馆）。

德意志关税同盟：欧洲第一个关税同盟

德意志统一之前，其中的39个邦国在普鲁士的倡议下决定成立德意志关税同盟（德文“Zollverein”）以消除邦国之间的边界。

除了北部的石勒苏益格-荷尔斯泰因（丹麦的附庸国）和梅克伦堡之外，德意志联邦的其余各邦国都将于1871年组成真正的德国。不过，在此之前的1834年，这些邦国在进行结成同盟的第一次尝试。自拿破仑发动战争以来，民族问题就一直是一个热门话题。哲学家约翰·戈特利布·费希特在1808年发表了《对德意志民族的演讲》，费希特在该书中呼吁建立一个德意志国家以重现（或者是模仿）神圣罗马帝国的统一。由于1830年爆发了一系列的学生革命以及自由主义革命，而这些革命的主要诉求恰恰是民族团结，特别是德意志某些邦国的工业化已经为经济带来了深刻的影响，一个独特的国家市场——德意志关税联盟终于在1834年1月1日成立。尽管该同盟的目标只是经济上的，但它仍旧加强了成员邦国间的政治凝聚力。普法战争后，德意志帝国诞生。

俾斯麦宰相

素有“铁血宰相”之称的奥托·冯·俾斯麦是德意志政治统一进程中的领军人物。这位政治家、国家伟人出生于一个普鲁士贵族家庭，是位真正的“容克”（普鲁士贵族地主）。数个世纪以来，容克主要把时间用于打理自己的财产，或是在霍亨索伦王朝的统治下为军事或民事部门服务。

自由过境 德意志工业化延迟的主要原因是海关壁垒。得益于德意志关税联盟的成立，海关壁垒消除了：货物得以自由过境，内部动态市场逐渐成型，贸易得到了刺激，工业和采矿业的发展也得到了促进，最为重要的是，伴随着基础设施和铁路系统的逐渐完善，一个庞大的贸易网络得以建立。

左图 关税同盟成员邦国分布图。

上图 这幅创作于 1850 年的版画展示了德累斯顿的第一座大型铁路桥梁。

奥托·冯·俾斯麦于 1815 年在萨克森-安哈尔特州的申豪森镇出生，在成为公务员之前，他先后进入哥根廷大学和柏林大学求学。俾斯麦极度保守，他之所以接受由腓特烈·威廉四世通过的宪法，仅仅是出于他对君主的忠诚。他的反自由主义立场促使他积极地参与保守党派的成立，该党派反对一切形式的政治体系自由化。俾斯麦于 1851 年进入外交部，并先后担任法兰克福联邦会议（后者成立于维也纳会议期间，普鲁士代表了德意志各邦国）代表、驻圣彼得堡大使与驻巴黎大使，在此期间表现卓越。国王威廉一世于 1862 年将他召回柏林，并命其“安抚”在议会中占大多数的进步主义者。不过，俾斯麦却以铁腕实行违宪政策，成功“安抚”了那些激进的大多数。俾斯麦深信普鲁士能在德国统一的进程中发挥至关重要的作用，因此他在强大且现代的军队上押宝，这支军队终将击退奥地利的反对势力，并实现德意志的统一大业。

石勒苏益格-荷尔斯泰因公国的问题为俾斯麦提供了直面奥地利的机会。公国由丹麦统治，并且大部分的居民是德国人。奥地利与普鲁士一直在争夺该地的所有权，但丹麦却拒绝让步。战争于 1864 年爆发，战斗的一方是丹麦，另一方则是普鲁士和奥地利。普鲁士部队入侵该公国，这也是铁路系统第一次被用于大量部队的运输。丹麦被迫接受维也纳和平条约中的条款，放弃了公国的所有权。

普鲁士和奥地利达成了一项协议，该协议暂时地解决了两国间关于战利品分配的争端。根据该协议，石勒苏益格由普鲁士管理，而荷尔斯泰因则由奥地利管理。俾斯麦开始实施一项巧妙的外交政策：保证普鲁士在与奥地利发生冲突的情况下能尽可能地获得国际支持。俾斯麦于 1865 年 10 月在比亚里茨与拿破仑三世会晤，就莱茵河边界问题，答应向法国让步，以此来换取法国在奥地利和普鲁士之间发生紧迫冲突时的中立态度。俾斯麦同时还向年轻的意大利王国保证，他会从奥地利手中夺取威尼西亚，从而巩固了其与意大利之间的盟友关系。

普奥战争

俾斯麦宰相找到了向奥地利发动战争的借口：他可以借荷尔斯泰因（被奥地利控制）的管理问题大做文章，还可以提议重组德意志联邦并把奥地利排除在外，双管齐下，诱导奥地利主动宣战。许多德意志邦国表示支持奥地利，因为担心重组联邦会降低各自的权威与权力。自由主义者对普鲁士的保守主义持怀疑态度，而南部的天主教徒则更加同情奥地利。俾斯麦认为，他们的政治立场即是敌对的信号。这也就是为什么他自行卸任德意志联邦代表一职，并表示如果普鲁士还想继续统一德

“铁血宰相”奥托·冯·俾斯麦

俾斯麦之于德意志，就如同加富尔伯爵之于意大利，两者都在各自国家的统一大业中发挥了自身的政治作用。不过，以干预主义著称的俾斯麦，相较于意大利人，他还是缺乏变通精神的。

俾斯麦自于1862年成为国王威廉一世的左膀右臂以来，便大力推行他的政策。该政策的内核在于：在普鲁士的推动下完成德意志统一，将统一后的德意志转变为军事强国并使其享有话语权。他首先厉兵秣马，强化了普鲁士军队的实力，因为在他看来，如果统一多个邦国是不可避免的，那么一支强大的部队则是不可或缺的。俾斯麦的想法很快便应验，随后普鲁士便分别与丹麦、奥地利和法国开战。除了军备外，铁路和电报都为普鲁士的胜利起到了关键性的作用。德意志统一的第一时间，威廉一世就在凡尔赛称帝（德意志皇帝）。统一大业完成之后，俾斯麦将他的余生都用来构建联盟网络，以巩固德国的霸权和维护欧洲的和平。

插图 俾斯麦宰相，拍摄于1870年前后。

萨多瓦会战

这场战役结束了普奥战争，并强调了普鲁士在德意志各邦国中的霸权。《克雷格尼茨战役》，埃米尔·汉滕（Emil Hünten）的油画作品（1886年）（收藏于柏林德国历史博物馆）。这幅作品描绘了这样的一幕：在战胜奥地利军队后，普鲁士国王威廉一世正将功勋勋章授予他的儿子，也就是未来的腓特烈三世皇帝，同样在场的还有俾斯麦宰相和总参谋长、战争艺术家赫尔穆特·卡尔·贝思哈特·冯·毛奇。

意志，那么必须反抗奥地利及其盟友。俾斯麦慷慨激昂的说辞和他娴熟的外交技巧为他争取到了意大利以及大部分其他欧洲国家的支持。拿破仑三世仅对普鲁士予以精神上的支持，因为前者认为奥地利是其在欧洲最危险的对手。不过，法兰西皇帝很快便意识到他犯了一个严重的错误。战争尽管无可避免地爆发了，但持续的时间也极为短暂，所以这场战争又被人们称为“七周战争”。尽管奥地利皇帝弗朗茨·约瑟夫的部队看起来声势浩大，但赫尔穆特·卡尔·贝思哈特·冯·毛奇元帅——19世纪伟大的军事战略家之一——率领的精锐部队以及普鲁士人周密的战前部署让俾斯麦迅速地取得了胜利。奥地利必须同时在两个战场作战：前者于威尼西亚对阵意大利，同时于波西米亚对阵普鲁士。奥地利军队在特伦蒂诺成功抵御了意大利的进攻，阻止了后者对威尼西亚的入侵，奥地利的海军也在亚得里亚海中击溃了意大利的舰队。

在波西米亚战场，普鲁士军队在 1866 年 7 月 3 日的萨多瓦会战（克雷格尼茨战役）中对奥地利军队进行了猛烈的打击，并取得了最终的胜利。经此一役，普鲁士获得了更高的军事威望。普鲁士的一系列胜利对联军的最终取胜有着重要的影响。

战争结束后不久，奥地利和普鲁士便缔结了《布拉格条约》（*traité de Prague*）。根据该条约，奥地利不得不将威尼西亚割让给意大利，并且将荷尔斯泰因公国割让给普鲁士，此外，奥地利还必须支付战争赔偿款、同意解散德意志联邦以及允许普鲁士建立北德意志联邦。为了吸引更多的德意志邦国加入北德意志联邦，俾斯麦承诺给予各成员邦国更多的权力。只有包括巴伐利亚在内的少数几个邦国拒绝接受普鲁士的霸权，并拒绝加入新的联邦。

普法战争

奥地利战败之后，俾斯麦继续展开外交工作，以确保普鲁士统治下的德意志实现真正的统一。但是为了实现德意志的最终统一，必须用一场战争来点燃南部各邦国的爱国之火。

拿破仑三世曾明确表示，如果普鲁士想要法国在前者统一的进程中给予一臂之力，那么必须用领土作为交换。俾斯麦本身就对拿破仑三世的诸多要求不满意，更别说是割让领土了。他决心直面法国，因为他对自己的军事实力深信不疑。西班牙的皇位继承问题率先引发了一场针对法国的冲突。1868 年的革命之后[21]，西班牙女王伊莎贝拉二世被废黜，故而该国王位虚悬。西班牙新任内阁首相普里姆在欧洲范围内寻找合适的王位继承人，普鲁士威廉一世的侄子利奥波德似乎是一个不错的选择，但法国却不同意这位霍亨索伦家族的亲王成为储君。威廉一世本意希望撤回利奥波德亲王的储

[21] 即西班牙光荣革命。——译者注

色当会战和法兰西第二帝国的陨落

普鲁士军队在 1870 年 9 月 1 日—9 月 2 日，以绝对碾压之姿彻底击溃了拿破仑三世的军队。这场战役既标志着法兰西第二帝国的陨落，也标志着德意志帝国的诞生。

拿破仑三世曾想重现他叔叔拿破仑在 19 世纪之初所建立的那个强大的帝国，不过，这个梦想在色当平原上被彻底瓦解了。普鲁士是当时欧洲大陆上的军事强国，而与其对阵的法国毫无还手之力。这种差距悬殊的战争自打响之初便毫无悬念：8 月 18 日，普鲁士人在格拉沃洛特战役中对法国军队施加了致命的重击；8 月 30 日，伯蒙战役兵败，法国军队撤军色当；9 月 1 日，两军再次对垒，而这次对阵将是决定性的战斗。普鲁士军队不只在人数上占有优势（普军 20000 人，法军 12000 人），而且在枪支数量上也遥遥领先（普军 774 支，法军 564 支）。普鲁士军包围了法国军队，消除了后者任何撤退的可能性。普鲁士国王威廉一世和俾斯麦宰相都参加了费雷努瓦高地战役，而与此同时，色当战场的普鲁士军队则对法国军队展开了轰炸，后者无论如何也无法突出重围。第二天，拿破仑三世举起了投降的旗帜。皇帝被俘，辗转经过比利时然后又被带到了德国。9 月 4 日，法兰西第二帝国陨落，法兰西第三共和国宣告成立。新的政府想继续战斗，但也无法阻止普鲁士兵临巴黎城下。普鲁士国王威廉一世在凡尔赛的镜宫加冕为德意志皇帝，至此，德意志帝国宣告成立。

君资格，但俾斯麦在著名的“埃姆斯密电”中稍稍歪曲了君主的话，法国将这封断章取义的电报视为蔑视之举，随后向普鲁士宣战。法国成了侵略者，这一点正中俾斯麦下怀。普法战争于1870年7月爆发，德意志的所有邦国都参与其中。法国孤军奋战，其军队完全没有实力面对毛奇将军麾下强大的战争机器。法国不得不紧急召回远在阿尔及利亚的帕特里斯·麦克马洪元帅，命其在阿尔萨斯指挥法国军队，而巴赞元帅则被调往洛林。但是，这两位将领却无法带领自己的部队取得胜利，同时，拿破仑三世也因为疾病缠身而无

色当会战的后果

法国在色当的战败结束了法兰西第二帝国，也开启了德国的鼎盛时代。这幅由画家安东·冯·维尔纳（Anton von Werner）于1877年创作的画作描绘了威廉一世的加冕礼（收藏于奥米勒俾斯麦博物馆）。威廉一世于1871年1月18日在凡尔赛镜宫加冕为德意志皇帝。在平台上，位于皇帝右边的是皇储腓特烈，而位于皇帝左边的是巴登-巴登的腓特烈一世，位于画作中间的是俾斯麦宰相和普鲁士总参谋长赫尔穆特·卡尔·贝恩哈特·冯·毛奇。

法带兵。法国军队节节败退，绝望地在色当做出了最后尝试：色当靠近比利时边境，法国方面极力试图阻止普鲁士军队的继续推进。发生于1870年9月1日—9月2日的色当会战以法国的失败告终，法国军队死伤共计25000余人。色当会战的失败不仅意味着普鲁士对法国的军事碾压，而且还直接导致了法兰西第二帝国的崩溃。法兰西第二帝国被法兰西第三共和国取代。而德国方面，威廉一世以热情的爱国主义胜利者的姿态成为了全德意志的皇帝。

君主制与民族主义

奥地利与普鲁士的战争也同样在哈布斯堡帝国中激发了民族主义。自1848年一系列革命爆发起，斯拉夫人民就表达了他们的民族主义愿望。波兰人早在1830年起义时就已经有了独立的倾向，不过，起义很快就被镇压了。斯拉夫人和马扎尔人在1848年做出了一些独立的尝试，但均以失败告终。奥地利之所以能够很快地镇压这些叛乱分子，一是因为后者缺乏强大资产阶级的支持，二是因为这些革命运动的战略方针十分分裂。萨多瓦会战结束后，革命运动的发起人在维也纳召开了一次代表大会，并提议把奥地利转变为一个“五国制”国家，即一个由五个邦国组建的联邦，这些邦国分别是：德国人的奥地利，马尔扎人的匈牙利，捷克人的波西米亚，塞尔维亚人、克罗地亚人以及斯洛文尼亚人的南斯拉夫，波兰人的加利西亚。不过，这个提议立刻被匈牙利的马尔扎爱国主义者否决了，因为他们不愿意出让自己历史悠久的省份（尽管这些省份的主要人口是克罗地亚人、塞尔维亚人和斯洛文尼亚人），他们同样也无法忘记斯洛文尼亚人的所作所为，因为后者任由奥地利政府镇压了1849年克苏特·拉约什的匈牙利独立起义。这些马尔扎人还认为，融入帝国比起反叛帝国能更好地实现他们的民族主义愿望。当时在戴阿克·费伦茨的促进下，匈牙利最终与奥地利缔结联盟，并将高度集权的奥地利帝国转变成了一个二元君主国。弗兰茨·乔瑟夫皇帝认为，这个方案比斯拉夫人提出的“五国制”更为有利，因此，他于1867年通过《折中方案》[22]（*Compromis*，德文“Ausgleich”）

[22] 即《1867年奥地利–匈牙利折中方案》。——译者注

成立了一个新的政权。根据该方案，哈布斯堡王朝的领土被多瑙河的支流莱塔河分为两个区域：奥地利、波西米亚、加利西亚、卡尼奥拉和蒂罗尔由维也纳管辖；而由匈牙利、克罗地亚、巴纳特和特兰西瓦尼亚组成的第二个区域由马尔扎人的布达佩斯政府管辖。这两个政治实体都有自己的行政机构，但它们共同组建了一个主权国家：奥匈帝国。斯拉夫人没有能得到自己想要的，万一克罗地亚人和波兰人再获得了一些优势，那么斯拉夫人的愿望就更遥不可及了，捷克人的处境也与其相同。尽管匈牙利人的民族主义情绪强烈，但他们已经融入帝国并有了一定的自治权，故而马尔扎人和奥地利人同意在一代人中遏制新的民族主义的出现。尽管该国人民的民族、语言以及文化所存在的差异会使管理复杂化，但奥匈帝国这个二元君主国却一直在 1914 年的世界大战之前艰难地维持着平衡。

档案：浪漫主义和民族主义

如同人民对完全自由的追求是民族主义的支柱一样，人类对完全自由的追求也是浪漫主义的支柱，浪漫主义让艺术家的热情与 19 世纪欧洲国家的热情保持了同一步调。

浪漫主义的本质是一场诞生于德国和英国的政治运动和文化运动，它是针对启蒙运动的理性主义和古典主义而发展的。从 18 世纪末到 19 世纪末，这一运动席卷了整个西方世界。它的根本基础是对真正自由的绝对追求，这赋予了该运动无可否认的革命性。

因此，浪漫主义在 19 世纪出现的民族主义情绪中找到了沃土，这种情绪源于欧洲人民对政治和社会自由的追求，而自拿破仑帝国建立以来，人们在政治和社会方面的自由就已经被完全剥夺了。

浪漫主义的灵感源泉存在于过去，也存在于遥远的异国文化，更存在于中世纪。浪漫主义迅速摆脱了静

自然的秘密（左图） 卡斯帕·大卫·弗里德里希于 1818 年创作的油画《雾海上的旅人》将深刻的民族感具象为具有浪漫吸引力的风景。

浪漫主义的英雄

在追求美的过程中，古典主义的客观性和平衡性的问题于 19 世纪初又被摆上台面，取得胜利的是浪漫主义。浪漫主义的特点是对一切的热情，或者类似热情的激情、狂热甚至主观性。如果之前的艺术家是一个尊重一切为大众所接受的规则的人，那么现在的艺术家就是一个将艺术用于个人表达的创造者。即使他必须以此直面社会、成规和已经确立的标准和框架——这就会诞生一个传奇的天才，一个浪漫主义英雄，他的一生即是一部美丽的作品，尽管深知自己将有悲惨的结局。英国诗人乔治·戈登·拜伦可能是最有代表性的例子，他更广为人知的另一个名字是拜伦勋爵，这位天才就像他作品中的人物恰尔德·哈洛尔德一样，是奢侈的、有争议的、过分的甚至是可耻的。

希腊的抗争 拜伦勋爵于1824年前往希腊为独立抗争。

插图 身着阿尔巴尼亚服饰的诗人。T.菲利普斯的作品（T. Phillips）（收藏于伦敦英国国家肖像馆）。

他们启发了浪漫民族主义

启蒙时代中的思想家和艺术家在感召下不约而同地构想出了一种文化，这种文化的基础是摘除国家身份的、人人都可以理解的一种代码。浪漫主义者对这种想法嗤之以鼻，个体对他们而言很重要，但每个人出生的国家也很重要。国家是一个由同一种语言、同一种文化、同一种宗教、同一种习俗甚至是同一个种族团结起来的大型人类社群。这在约翰·戈特利布·费希特的《对德意志民族的演讲》抑或是约翰·戈特弗里德·赫尔德的著作中都有体现，他们反对将“民族”概念与国家概念摆在对立的位置，并认为这种对立只是人为造成的。这就是为什么浪漫主义者会全身心地投入研究民间传说和文化，以及编写民俗歌谣或是别的音乐作品中。最有代表性的例子是雅各布·格林和威廉·格林两兄弟，他们遍历德国只是为了搜寻“地道的德国”故事。浪漫主义者在这些传统表现形式中看到了被启蒙时代贬低的或是鄙视的其国家最纯粹的本质，他们得以回溯到自己的起源。他们不仅从民众那里搜集素材，还将这些素材用于创作自己的史诗、戏剧、绘画、交响诗和歌剧。因此，“严肃”艺术成为了人民的声音，尤其是在意大利和德国这两个“马赛克国家”中，或是在受外国势力压迫的国家中（如波西米亚、波兰和匈牙利），甚至在明显渴望自由的独裁国家（如俄罗斯）中也是如此。

雅各布·路德维格·卡尔·格林 雅各布·格林和他的兄弟威廉在1812年—1815年出版了《格林童话》，这是德国口述传统故事的集合。雅各布·格林也被认为是德国语言学的创始人之一。

态的、还停留在过去的世界观——这种老旧的世界观是在文艺复兴时期学者制度派生的旧日制度下产生的——从而带来了关于人性与社会的更高级和更动态的概念。匈牙利艺术史学家阿诺德·豪泽尔写道：“我们和我们的文化一直在不断地变化、不断地斗争，我们的精神生活是一个具有短暂生命力的过程，这也许界定了所谓的浪漫主义的边界，也代表了浪漫主义对当代

格奥尔格·威廉·弗里德里希·黑格尔 这位伟大的哲学家提出了民族精神的概念，这个概念准确地描述了一个民族的特征，同时也是“世界精神”的体现之一。

约翰·戈特利布·费希特 费希特于1808年在柏林发表了他的重要演说《对德意志的演讲》，当时的柏林已经被拿破仑的军队占领。该演说是1871年普鲁士得以完成德意志统一的重要精神支柱之一。

哲学最重要的贡献。”

关于浪漫主义的定义一直众说纷纭，并且人们对它具体产生的年代也看法不一。对许多人而言，浪漫主义更像是一系列脱离了古典主义和理性主义的美学潮流被具象化了。也正是出于这个原因，浪漫主义在艺术领域里独树一帜。

艺术与政治

杰利柯·西奥多的著名画作《美杜莎的木筏》（1818—1819 年，收藏于巴黎卢浮宫）曾引起轰动，因为他将沉船事故（发生于 1816 年）归因于刚刚恢复的君主制政权领导人指派了一个经验不足的船长。

艺术中的浪漫主义

文学领域一直是浪漫主义的沃土。一些浪漫主义作家都在文学史上留下了自己的大名。德国有著名作家歌德、席勒、诺瓦利斯、霍夫曼和荷尔德林；英国则有诗人拜伦勋爵、雪莱和济慈；而在法国，尤其要提起的是维克多·雨果、拉马丁、乔治·桑、缪塞以及大仲马和小仲马（父子关系）。还有意大利的莱奥帕尔迪和孟佐尼、俄罗斯的普希金和美国的爱伦·坡。

在音乐领域，天才贝多芬有力地为拿破仑时代的新音乐风格开拓了道路。一些伟大的作曲家诸如《幻想交响曲》（*Symphonie fantastique*）的作者柏辽兹、弗朗茨·舒伯特、卡尔·马利亚·冯·韦伯、弗里德里克·弗朗索瓦·肖邦和弗朗茨·李斯特，他们的音乐往往十分感性，有时候甚至也饱含忧郁情绪。也正是在这个时期，一种新的歌剧形式开始流行起来，主题往往是当代作家的历史小说或是人们的日常生活，其中三位意大利作曲家尤为突出，他们分别是罗西尼、贝利尼和多采蒂尼。

理查德·瓦格纳和朱塞佩·威尔第（两人都出生于 1813 年）这两位才华横溢的作曲家被称为是晚期浪漫主义的代表人物，他们的作品使得歌剧极为流行。这两位作曲家同样也在各自国家（德国和意大利）的统一进程中扮演了相当重要的角色。在艺术视觉的领域，浪漫主义以鲜艳的色彩表达着历史和爱国主义，而且往往与行为和情感相关。例如，阿道夫·诺顿的《拿破仑从莫斯科撤退》（*Retraite de Napoléon de Moscou*），欧仁·德拉科拉瓦的《自由领导人民》（*La Liberté guidant le peuple*），或者还有杰利柯的《美杜莎的木筏》（*Le Radeau de la Méduse*）。大自然的诗意表达十分常见，特纳、康斯特伯和科洛通常使用崇高的方式将它们保存在画布上。

新的精神领域

维克多·雨果曾说过："浪漫主义总的来说只是文学中的自由主义。"浪漫主义作为文化和政治运动当然更加广泛、更加复杂。此外，它也不仅仅体现在艺术上：它更代表着一种新的心态和态度的出现。在 19 世纪的政治和社会背景之下，它还定义了人与社会之间的新型关系，并将社会放在了首位。实际上也正是出于这个原因，从智力上提高人类地位所需的语言也随之出现。对浪漫主义者而言，社会不是自发形成的，而是从个体个性的原始现实中转化来的。因此，社会不再是一个抽象的存在，而是一个具象的整体：它即是人民，通过语言和法律等基本要素来定义自己社群的和用相应文化来表达自己的人民。

独特的民族和文化的存在使发现独特的民族成为可能，每个独特的民族都有属于自己的历史使命，并且他们都有各自的精神——民族精神——促使他们完成自己的使命，并最终让他们变得与众不同。故而浪漫主义思想为民族主义运动提供了基础。

德国哲学家兼语史学家约翰·戈特弗里德·赫尔德因为提出了民族主义的主张而成为了浪漫主义运动中的代表人物。他在1771年发表的著作《论语言的起源》（*Essai sur l' origine du langage*）中指出，语言凌驾于其他任何文化现象之上。语言对他而言是独特的精神源泉，同时也是每个民族的遗产。语言并不是有意识、有条理的结构，而是对远古时代的集体灵魂进行的一种深刻阐述。因此，对赫尔德而言，德国无论团结和分裂都一直存在，因为前者是集体精神的产物，这种精神已经完全渗透了德国，无论它是否以国家政治的形态出现。这也就是为什么赫尔德的学说为斯拉夫人提供了巨大的支持。因为他们一直在被更强大的近邻压制：他们的发展从一开始就停滞了，他们的文化有被更富饶、更强大的文明吞并的风险。德国人、奥地利人、俄罗斯人、土耳其人和匈牙利人都威胁着斯拉夫人的民族认同。

受到赫尔德理论的影响，某些欧洲的语言学家、历史学家和思想家视保存和保护古老的民族风俗为己任。这一过程不牵扯政治：这只是一个如何保护和加强乡土语言，并发展民族主义史学的问题。

民族主义

如果我们在拿破仑时代将法国大革命的思想与赫尔德的理论联系起来，那么寻求民族认同具有政治意义。因此，拿破仑希望将法国革命中的进步思想传播到整个欧洲大陆，从而使各国人民产生获取更多自由的渴望。还应该指出的是，它也激发了民族主义意识。

每个人都希望自由自在并不受外界的压迫。这看起来很矛盾：接受拿破仑的意图就是反抗拿破仑的权威。在法兰西帝国主义扩张的这些年里，和赫尔德一样的另一位德国哲学家、语史学家约翰·戈特利布·费希特激励德国人民去探寻自己的民族认同。在1807年12月13日—1808年3月20日的每个星期日，费希特于柏林科学院圆形剧场发表著名的演说《对德意志民族的演讲》，通过这一系列的演说，他很好地传递了自己的思想。与此同时，拿破仑的军队从观众的窗户下走过，军乐湮没了他的声音。费希特在演讲中表现出了不可否认的勇气，他呼吁进行德国的精神复兴来挑战侵略者，这种环境对德国摆脱闭关锁国的状态来说至关重要。费希特演

民族主义形成过程中的民间传说与神话

詹姆斯·艾佛森于1763年出版了传说中的苏格兰游吟诗人莪相的作品并大获好评。该作品的成功证明了那些和不列颠岛神话挂钩的事物能引起极大的反响。但是几年之后人们发现，这只不过是一场出版骗局。如果考虑到年代顺序，这次乌龙的发生时期恐怕应该算是浪漫主义前期，甚至可以说是在真正的浪漫主义出现之前，不过这本书仍旧是一个典型现象，因为它早早地便将民间传说和爱国主义的诞生联系到了一起。理查德·瓦格纳很好地理解了这种联系，他于1845年发布的音乐剧作品《唐怀瑟》（*Tannhaüser*）只引用了德国神话以及历史中的情节。而他在另一部作品《尼伯龙根的指环四部曲》[四部曲分别为《莱茵的黄金》（*L'Or du Rhin*）、《女武神》（*La Walkyrie*）、《齐格弗里德》（*Siegfried*）和《诸神的黄昏》（*Le Crépuscule des dieux*）]中则创造了一种复杂的宇宙论，将神话和爱国热情紧密地结合在了一起。

上图 由约翰·马丁（John Martin）于1817年创作的《游吟诗人》（收藏于纽黑文耶鲁大学英国艺术中心），在该作品中，一个游吟诗人在躲避追杀（英国的爱德华一世下令屠杀威尔士诗人）。

左图 瓦格纳作品中的人物齐格弗里德。卡尔·埃米尔·多普勒（Carl Emil Doepler）创作于1889年。

讲中最有利的论据就是语言，这是民族凝聚的重中之重："所有说同一语言的人从一开始就通过无形的纽带团结在一起。"拿破仑在欧洲的霸权同样也威胁到了文化的独特性，费希特所做的就是呼吁德国人坚守自己，不要受到来自其他国家——或者是其他臣服于外界的德意志邦国——的干扰。

的确，拿破仑在欧洲建立大陆帝国的渴望引起了被征服或受到威胁的人民的强烈反应。他们开始意识到必须要加强民族认同才能实现自己的独立。在德国、在西班牙都是如此，那里的人民奋起反抗法国的暴政和波拿巴王朝的统治，以行使自己的主权并坚守自己的民族认同。其他欧洲国家也紧随其后：无论是俄罗斯还是普鲁士，都在争取民族认同的斗争中体现了一种本能的爱国主义。卡尔·奥古斯特·冯·哈登贝格总理在致普鲁士国王腓特烈·威廉三世的信中这样写道："我们必须像法国那样，从头做起。"普鲁士的革新者们对武装群众（法国革命者）的能量和活力印象深刻，因此，他们建立了强大的中央权力机构，一支纪律严明的军队以及一个完善的教育系统，旨在向公民灌输爱国主义，从而使公民能完全致力于德国的民族主义事业。在英国，拿破仑战争引发的民众起义也激发了深刻的民族认同感。英国在特拉法加和滑铁卢的胜利提高了该国人民的国家意识。

拿破仑被击溃，波拿巴的帝国主义倾向也随之被扼杀。参与 1814 年—1815 年维也纳会议的战胜国将民族主义放在了一边——正是民族主义给予了人民挑战拿破仑权威的勇气——并希望恢复旧日秩序（专家们也称之为旧日制度）：维护君主专制的机构必须合法化，并且那些与拿破仑开战的国家也必须尽可能地保持其领土的完整。同时这些战胜国还建立了神圣同盟，旨在扼杀欧洲的任何革命起义，因为在加入该同盟的保守势力的眼中，民族起义和民众起义是同一革命精神的两种表达，有必要不惜一切代价地根除。但是民族主义的种子还是生根发芽了，并在随后的几年中茁壮成长：意大利于 1870 年完成统一，德国则是在 1871 年完成统一，希腊于 1830 年独立，匈牙利于 1867 年独立，罗马尼亚于 1878 年独立，保加利亚于 1878 年独立，最后是塞尔维亚，于 1882 年独立。民族主义的浪潮很快席卷了整个欧洲大陆，并冲破了欧洲的边界，蔓延到世界各地。

一场全球性运动

面对帝国主义殖民者的压迫，北非、印度和锡兰的起义加强了人民的爱国主义归属感，而这种感觉往往也受到强烈的宗教信仰的鼓舞。

在摩洛哥和阿尔及利亚，面对如同“十字军”一般的拿破仑及其继任者，穆斯林最终确定了自己对国家的信仰。《古兰经》将圣战定义为：“在真主的道路上奋斗。”就像在穆罕默德及其继任者的时代那样，一场圣战即是爱国义务和宗教义务的合并。

埃及的穆罕默德·阿里帕夏（1769—1849 年）被认为是现代埃及的开国之父，他扩大了埃及的疆界，并且与奥斯曼帝国相比，他给予了新开拓的土地更大的自治权。因此，他提升了这个崭新国度的民族认同感。

民族主义运动同样也从 1830 年开始在亚洲大陆上的中国、日本、越南以及韩国中出现。这些国家的民族文化意识在一定程度上是建立在反对欧洲列强殖民的基础上的，这些欧洲列强渴望获得东方的资源并掌控东方的市场，因此，它们的行为对亚洲国家的民族认同和传统文化造成了越来越大的威胁。

民族主义的蔓延和浪漫主义的蔓延是同步进行的，民族主义或是浪漫主义一旦在欧洲大陆或是世界其他地区生根，无论是在 19 世纪还是 20 世纪，它们都会不顾一切地破土而出继而开枝散叶，它们将成为各国人民和社会凝聚的先决条件，也是使得主权和政治合法化的最高原则。

英国议会

维多利亚女王正在主持上议院议会的开幕会议（1857 年）。该作由 S.J. 霍德逊（S.J.Hodson）创作，灵感基于约瑟夫·纳什（Joseph Nash）所绘制的版画（收藏于伦敦维多利亚与阿尔伯特博物馆）。

插图（右侧） 维多利亚女王的皇冠（收藏于伦敦博物馆）。

欧洲的权力斗争

19 世纪的许多欧洲国家在放弃了自由政体之后采用了民主制度。它们其中的一些国家成为了帝国主义强国，并发动战争以扩大其在欧洲大陆上的霸权。欧洲各列强不断地巩固自身霸权的同时，它们之间的关系也日益紧张，最终引发了第一次世界大战。

自由主义从 19 世纪第二个十年起开始在欧洲盛行，但是其哲学根源恐怕要追溯到 18 世纪的理性主义。这个思想体系的内核在于对个人权利的捍卫，还在于在相互对立的思想中对真理的探寻，更基于权力的制衡、自由与包容。英国的约翰·洛克和其他 18 世纪的思想家——诸如孟德斯鸠、伏尔泰和卢梭——都是这种自由主义的思想源泉，这种自由主义影响了自古以来占主导地位的政治模式、社会力量及经济力量。

自由主义政治提议通过立法、行政和司法三权分立的原则来限制权力。根据这种政治哲学，立法权应交由经选举产生的议会掌握，行政权应由政府掌握，而司法

彼得卢和英国选举权斗争的血腥开端

在 1819 年 8 月 16 日这一天，60000 人和平地聚集在曼彻斯特的圣彼得广场上。这群人要求对英国议会进行民主改革。当局对这一示威活动做出了激烈的回应：骑兵队冲入人群中并向群众挥起军刀，最终造成多人死亡。

尽管拿破仑的铁蹄从未踏上过英国领土，但拿破仑的扩张行为也为该国带来了严重的经济危机，伴随着饥荒和失业，不满情绪在民众间蔓延开来。1815 年，议会批准的《谷物法》(*Corn Laws*)使民众的抱怨更多了。对谷物征收关税的本意是保护本土农业，但也导致了工业成本的增加，商品的价格也随之上升了。当时，投票权是只有土地所有者（男性）才享有的特权，并且拥有土地的人仅占总人口的 2%。此外，由于选区已经作废，中心城市几乎找不到议会代表，于是人们自发地于 8 月 16 日在曼彻斯特举行集会。主要发言人激进分子亨利·亨特(Henry Hunt)被捕。此外，当局还命令骑兵驱散人群，最终造成 18 人死亡，700 余人受伤（包括妇女和儿童）。这次示威活动被命名为彼得卢，借以讽刺之前的滑铁卢之战。

右图 激进的编辑、作家理查德·卡莱尔(Richard Carlile)于 1819 年 10 月 1 日发表了这幅描绘大屠杀场面的版画（收藏于曼彻斯特美术馆）。

权则应作为独立的第三权重回法庭。通过建立具有相同权力的政府机构可以实现这种权力的分配，因为在面对专制主义的诱惑时，这种相对平衡能更好地保证权力的互相制约以及个体的自由。

但彼时的选举权却更像是一种审查制度，而且也并不是普遍的。这看起来确实自相矛盾：自由主义政权仅赋予一小部分人投票的权利，如果一个人想要投票，那么必须达到一定的经济标准。在法国（1814—1830 年），只有能拿到至少 300 法郎年金的人才有资格成为选民。在西班牙，选举法为想要参加投票的人制定了财富门槛。“通过工作和节约致富吧！”自由主义的代表人物法国大臣弗朗索瓦·吉佐特对那些要求投票权的人这样说。总之，自由主义主张所有的公民享有平等的权利，但仍旧对人群区别对待。

尽管不像旧日制度那样从血统或者是出身来区分人群，但是却通过年金来判断这个人是否拥有某项权利。自由主义并没有摧毁君主制度。几乎所有由国王统治的国家都采取了这种政治制度。只有美国，因为该国没有君主制的传统，所以才能够实行共和制度。

19 世纪，随着越来越多的群众要求参与政治，自由政权也慢慢地转变为民主政权。正如卢梭所说，民主和自由主义之间最大的区别在于：与后者恰恰相反，对于前者而言，主权绝对不是宪法制度或是代议制议会强加的，主权是全体人民的普遍意志。因此，民主制度坚持普选制并反对审查制投票，同时强调议会机构须服从选民意愿，倡导全民投票或者全民公决。

19 世纪上半叶，民主被认为是革命主义，可能是因为 1815 年—

弗朗西斯·伯德特（Francis Burdett） 他是一位激进的政治人物，也是英国议会中极少数敢于谴责彼得卢大屠杀的成员之一，不过，此举导致了其被判处3个月的监禁以及缴纳2000英镑的罚款。这不是他的第一次谴责：他曾于1810年在伦敦塔谴责议会。伯德特自1807年起就是议会成员。

插图 版画中的弗朗西斯·伯德特。

1848 年的欧洲保守派政府担心雅各宾主义的再度出现。19 世纪下半叶，投票权的范围得以逐步扩大，西方世界的政治体系逐渐变得民主，尽管这一进程在西方世界中并不统一。美国是世界上较早实现民主的国家之一，而反观欧洲，民主率先在英国和法国以一种政治制度的形式出现。

欧洲的党派与选举

拥有投票权的群体范围逐渐扩大到全体成年男性，这有利于新的大规模的民主政策取代少数派政策。法国是第一个授予全体男性普选权的欧洲国家，这项政策于 1871 年提出，并且先于英国。而在英国，选举权范围的扩大直到 1884 年才被首相威廉·格莱斯顿批准。瑞士于 1874 年实行普选制度，而西班牙和比利时则是 1890 年。俾斯麦在德国国会大厦通过了普选制度，但真正的权力却掌握在上议院的手中。总理和皇帝都想确保政府不依赖于民主选举产生的议会。

各方政党在这种新的政治局势中发挥了重要的作用。它们不再是名流的聚会而真正成为了人民的党派，它们不再只接纳知识分子和精英而是向众多的激进分子开放，并且没有任何加入条件也不对背景加以区分。传统的党派诸如自由党和保守党，很难适应这种新情况以及新诞生的党派，如社会主义者、天主教徒或是民族主义者的党派。这些党派随时都欢迎新的成员参与政治生活。

议会选举成为民主制度运作的中坚力量，因为一个或多个议院成员的产生和政权的建立仅取决于选举结果。随着时间的推移，政府可以信任由议会中的多数党所做出的决定，这就是立法院中的多数党赋予新政府的政治色彩。

选举也是组织选举运动的场合，所有政党都公开其计划以争取选票。新闻界也开始在传播政党和竞选候选人的思想和提议方面发挥出重要的作用。但是选民也并非总能在选举过程中自由地做出选择。在投票时，诸多压力、当下的环境甚至有时是威胁都可能会改变选民的意愿。许多选民常常让自己受到某些承诺或是特权的操纵，比如说免除兵役、一个工作职位、终止一项法律或者只是简单地购买选票。人们认为这种现象是受制于选举制度的政体所特有的，并且会随着民主制度的发展而继续下去。影响力网络的发展和赞助选举的出现似乎十分常见：西班牙、法国、意大利以及其他向着民主政体发展的国家都将这两个民主选举的副产品用于自己的政治实践中。

欧洲选举制度

1791年

法国　只有25岁以上并纳税的男性才有投票权。

1849年

普鲁士　由三个阶级组成的投票体系，每个阶级的选票价值不同。

1884年

英国　格莱斯顿扩大了投票权的范围。

1890年

西班牙　男性享有普选权。

维多利亚时代的英国

英国是 19 世纪末经历过革命性动荡的少数国家之一。维多利亚女王于 1837 年登基并一直在位直至 1901 年。在维多利亚统治的这些年中，英国一直试图通过保证所谓的“权力的平衡”（欧洲国家的领土和军事平衡）来维护外部和平。但是，该国在非洲、中东、印度、东南亚、印度洋、大洋洲、太平洋、加拿大和大西洋的殖民扩张行为所引发的问题也同样让其提高了警惕。

罗伯特·皮尔和英国议会制度的巩固

保守党人罗伯特·皮尔在年仅 21 岁时就当选下议院的议员。他积极地参与经济改革，使得英国在 19 世纪下半叶成为世界大国。他不得不与他自己党派中最为传统的农业部门进行周旋，其结果是他在 1846 年失去首相一职。

保守党人罗伯特·皮尔是一个典型的政治榜样：只要对国家有利，他可以与任何其他政党达成交易。例如，在他出任内务部长（1822—1827年和1828—1830年）期间，《天主教解放法》于1829年的颁布立即招致了皮尔自身党派的不满，而当党派于1830年站起来反对他时，他知道如何承担自由政府所决定的改革引发的后果——正如他在发表于1834年的《塔姆沃斯宣言》中所说的那样。在首次出任首相的短暂（1834年12月到1835年4月）任期内，皮尔继续贯彻他的某些自由主义原则，尤其是在经济领域。他在二度出任首相（1841—1846年）时，将一些自由主义理论付诸实践，不过，后来他出于自由主义的考虑废除了《谷物法》（本质上是贸易保护主义的法律），但却引发了保守党内最为保守部门的分裂，最终结果便是皮尔内阁倒台。

插图 惠灵顿公爵阿瑟·韦尔斯利（Arthur Wellesley）和罗伯特·皮尔的肖像。由弗朗兹·克萨韦尔·温德尔哈尔特于1844年创作（皇家藏品，收藏于温莎城堡）。

维多利亚女王于 1840 年与萨克森–科堡–哥达王朝的阿尔伯特亲王成婚，她在漫长的统治生涯中表现出了非凡的顽固性和十分谨慎的态度。维多利亚于 1861 年丧偶，随后她在公开场合和法庭中露面的次数越来越少。她的继承人威尔士王子在 1871 年因为病情反复而多次徘徊于生死之间，而维多利亚本人也在 1872 年成为了一场袭击的受害者，这两件事让维多利亚女王的声望有所恢复。

1832 年的选举改革让英国的议会君主制得到了加强，这标志着托利党的贵族土地所有者秉持的政治至上主义的终结，同时，工业主义者和中产阶级也开始普遍地享有权利，这两

英国的维多利亚女王

纵观古今，只有很少的君主能留名青史，而英国的维多利亚女王恰恰是其中之一。她长达六十三年零七个月的统治在历史上被称为“维多利亚时代”。这是一个非常保守的时代，但是议会的权力却以削弱皇室与贵族的实力为代价得到了不断加强。也许正是这一鲜明的特色使得英国的政局在当时席卷欧洲的革命浪潮下保持了稳定，与之相对地，同一时期的西班牙女王伊莎贝拉三世和法兰西共和国总统拿破仑三世却都难逃被废黜的命运。这一时期的稳定保障了英国向着一个强大的工业、海事和殖民国家转型的进程，英国的日渐强大使之不断向各个大洲扩张，也为本国带了来巨大的利益。随着英国的扩张，维多利亚女王于 1877 年加冕为印度女皇。

右图　维多利亚女王肖像，由弗朗兹·克萨韦尔·温德尔哈尔特创作（1842 年）（收藏于凡尔赛宫国家博物馆）。

下图　白金汉宫，皇室的官方住宅，由阿希尔-路易斯·马蒂内创作（1862 年）。

女王长寿的一生：

1819年
生于伦敦，肯特公爵爱德华•奥古斯都亲王之女。

1837年
由于叔叔威廉四世没有合法子嗣，她在其去世后成功继承王位。

1840年
与阿尔伯特亲王成婚。

1877年
加冕为印度女皇。

1901年
于1月22日逝世于怀特岛郡。

格莱斯顿和迪斯雷利的交替执政与英国两党制的诞生

尽管罗伯特·皮尔作为英国首相在任期内为了最小化保守党（托利党）和自由党（辉格党）之间的差距采取了一系列的政治举措（尤其在经济领域），但作为他的继任者，不管是自由党人威廉·格莱斯顿或是保守党人本杰明·迪斯雷利都没有追随他的脚步。

1846年，托利党的种种内部矛盾导致了罗伯特·皮尔的内阁倒台，甚至党内的最为保守的群体为了保护土地私有者的利益，不惜与他决裂。由此在接下来长达二十年的时间内，自由党（亦称辉格党）几乎毫无间断地成为了英国的执政党。但是，那些真正地使国家的政治生活民主化的改革，却是在这段漫长的时期结束之后才渐渐展开的。两位政治家在这场改革中扮演了重要的角色：自由党人威廉·格莱斯顿，曾分别于1868—1874年、1880—1885年、1886年以及1892—1894年间四度出任英国首相，保守党人本杰明·迪斯雷利，曾分别于1868年以及1874—1894年两度出任英国首相。在这两位杰出的政治家交替执政的时代，随着诸多政治举措的推行，英国君主立宪制的地位得到了不断的加强，其中最为重要的一项政治举措便是选举制度的改革，通过推行普选扩大了投票的范围（但仅男性拥有选举权）。这也是自激进分子弗朗西斯·伯德特的时代以来，工人运动所提出的诉求之一。但这项举措本身并不妨碍自由党抑或是保守党强调他们的统治地位，巩固他们自身的权力。

插图 威廉·格莱斯顿爵士，拍摄于1865年。

者通常是辉格党的支持者。然而这项改革——几乎完全没有影响到该国政治的寡头性——既没有使一些激进派满意，也没有使大批的城市工人满意，因为他们也想获得参加议会的权利。1838 年，工人们要求启用洛维特起草的《人民宪章》(*Charte du peuple*)以保障男性普选权以及其他的选举福利。这些社会改革被称为宪章运动，但是最终目标并没有达成，激进的工人慢慢地不再参与其中，而这一系列的社会改革运动也逐渐没落直至永远消失。

托利党和辉格党的前领导人——尤其是罗伯特·皮尔和巴麦尊子爵——在 1860 年左右对政体进行了现代化改造。托利党由本杰明·迪斯雷利领导，他通过一项改革强化了保守党的实力。而另一边，威廉·尤尔特·格莱斯顿也采取了一系列举措将辉格党转变成了现代化的自由党。

1867 年，格莱斯顿提出了一项改革，旨在通过扩大选举的范围以使议会更具有代表性，而迪斯雷利政府也通过了这项改革。格莱斯顿的第一次执政持续了很长时间，也正是在这段时间内，他在行政、教育和军事化领域进行了很多重要的改革。然而他也面临着许多问题，比如好战分子丹尼尔·奥康奈尔所提出的爱尔兰地区关于宗教、政治和经济方面的诉求，是他所需要面对的严重问题之一。爱尔兰人抱怨自己不得不向英国圣公会缴纳税款，同时，他们还要求建立一所能够颁发毕业文凭的天主教大学。在政治方面，他们对 1892 年颁布的《天主教解放法案》表示了不满，该法案允许爱尔兰天主教徒在下议院中享有代表权。而在经济方面，他们要求获得大量的本属于英格兰农民的土地。为了安抚爱尔兰人，格莱斯顿曾试图做出一些让步，但直到 1922 年爱尔兰独立，上述问题都没有得到彻底的解决。

不单单凭借迪斯雷利政府的助力，维多利亚女王所统治的英格兰之所以能成为一个强大的殖民帝国，还主要依靠了英国人对海洋的统治力、在工业领域的不断扩张以及征服世界的野心。19 世纪中叶，英国人已然掌握了埃及的经济命脉，并且统治着非洲的大部分地区。他们一直拥有北美洲加拿大的统治权，并将其领土范围扩张到了西海岸。1833 年，马尔维纳斯群岛被英国控制。在亚洲，因为在 1839 年的鸦片战争中取得了胜利，英国获得了中国香港这片飞地的商业收益以及控制权。在印度，于 1857 年为反对东印度公司而爆发的印度民族起义为英国人提供了军事考察和占领该国的借口，随着镇压的成功，英国人也顺利控制了印度。在大洋洲，英国人于 1840 年控制了新西兰，并且声称拥有对澳大利亚的管辖权，自此，英国成为几乎雄踞五大洲的超级帝国。

拿破仑三世与法兰西第二帝国

拿破仑一世被废黜之后，国王路易十八领导了波旁王朝的复辟，法国再次成为了君主制国家。这位新上任的国王建立了新的议会制度，然而这一制度却受到了宪法的制约，并且也没有被代表大会通过或批准，所以该议会制度十分受限。路易十八于 1824 年去世，他的弟弟查理十世继位，并试图恢复旧日的君主政权。由于查理十世在即位后推行了一系列反民主政策，使得他十分不得民心，这也导致了 1830 年法国七月革命的爆发。资产阶级革命者们取得了胜利之后，国家的统治权被转交到了以自由思想著称的路易·菲利普一世的手上。公民权利惠及所有公民，但在政治领域，却仍然只有最富有的人才能参与选举。小资产阶级们要求享有更多的参政权，随着拥有相同政治诉求的社会团体的不断涌现，最终于 1848 年爆发了二月革命。暴动和骚乱始于首都巴黎，革命者们在街上搭建起防御工事。为了避免局势恶化，路易·菲利普一世放弃了王位，逃亡英国。

1848 年爆发的二月革命宣告了法兰西第二共和国的诞生。普选政策得以暂时实行，并且在革命作家阿尔方斯·德·拉马丁的支持下，一个临时的政府得以建立。在同年 12 月的选举中，拿破仑一世的侄子夏尔-路易-拿破仑·波拿巴（路易-拿破仑·波拿巴）当选，成为了法兰西第二共和国的总统。他以一位调解人的身份向人民做出诸多承诺，这些承诺包括保护工商业的发展，同时支持农业以及尊重宗教等。他第一步的举措旨在使国家重新恢复秩序，也正因如此，他的执政方针趋向保守。1851 年，路易·拿破仑发动政变，使得自己的总统任期延长至终身，次年，一场全国性的公投结果支持他称帝，法兰西第二帝国也由此诞生。

路易·拿破仑即位之后被称作拿破仑三世，亦是拿破仑一世的侄子，同时也是荷兰国王，这位法国的新皇帝迎娶了一位西班牙的贵族小姐——欧珍妮·德·蒙提

荷。作为一个天性相当稳重的人，路易·拿破仑其实并不缺乏想象力或者某些其他方面的才华，但他一直饱受病痛折磨，他的许多构想也都缺乏可行性。他的统治尽管独裁，但他也会向议会让步并满足民众的需求。

1852 年，拿破仑三世颁布新的宪法以进一步扩大其权力：他享有宣战与签署合约的权力、直接任命大臣的权力以及提出或修改法律的权力。立法机构由三方构成：国民议会、260 名由普选产生的不具备特权的男性议员以及由国家元首直接任命的参议院。可以说，拿破仑三世通过集中各方权力的方式对法国进行统治。在他任职期间，法国的工业化进程得到了迅猛的推进，政府部门也极大地提升了

第二帝国的贵族阶级

宫廷的奢华生活加剧了民众的不满，进而导致了共和国革命的爆发。

插图 拿破仑三世在贡比涅的猎场打猎。油画，由安格-路易斯·雅内所绘（1865 年）（现收藏于贡比涅宫国家博物馆）。

在墨西哥的冒险

《处决马西米连诺一世》是一幅由爱德华·马奈所作的油画，该画作直白地描绘了法兰西帝国在美洲探索的最后阶段，收藏于曼海姆艺术馆（第 130 页—第 131 页）。

Manet
19 Juin 1867

19 世纪的法国政权

1848年

路易·拿破仑 这位拿破仑一世的侄子当选法兰西第二共和国总统。

1852—1870年

法兰西第二帝国 路易·拿破仑发动政变，终结了法兰西第二共和国，并且宣告自己为皇帝，自称拿破仑三世。

1870年

战败与革命 拿破仑三世在色当战役战败后被普鲁士人俘虏。巴黎爆发了共和革命。

1870—1940年

法兰西第三共和国 莱昂·甘必大，作为共和党的领导者，宣告了法兰西第三共和国的成立。直至1940年，法兰西第三共和国总共持续了七十年之久。

1871年

巴黎公社 三月，国民自卫军揭竿起义，进而建立了无产阶级革命政权。

1877年

共和国逐渐稳固 共和党在选举中的胜利成功阻止了君主制的复辟。

办事效率。彼时巴黎的行政长官、著名的城市规划师乔治-欧仁·奥斯曼男爵，主持了巴黎的都市改造，从而促进了巴黎的城市现代化，同时也完成了诸多著名建筑物的建设。法兰西第二帝国在拿破仑三世掌权时期主动地涉足欧洲的政务，但也不可避免地卷入了许多纷争，尽管拿破仑三世自认为是一位主张和平的君主。他的民族主义倾向使他支持人民发动争取自由和独立的战争，这也是为什么他要对意大利进行干预。他还庇护了在俄罗斯和奥斯曼统治下的波兰人和罗马尼亚人，但这最终迫使他直面由沙皇尼古拉一世所统治的俄罗斯。他与英国结成同盟，共同参加了克里米亚战争。在这场战争中，他站在了奥斯曼帝国的一方，遏制了作为扩张主义者的俄罗斯妄图进入地中海的野心。但是他对墨西哥军事的介入，恐怕是他最为冒进的外交行为了。他以保护在墨西哥的法国债权人为由，派遣了 30000 名士兵前往该国，并成功将哈布斯堡家族的马西米连诺一世扶上王位，取代了当时的贝尼托·胡亚雷斯总统。这场冒险以失败告终，马西米连诺一世最终被对手的支持者抓住并枪决。1866 年的普奥战争以及 1870 年的普法战争，更是使法国在整个欧洲大陆的威严扫地。后来，拿破仑三世在色当的战败以及他的身体抱恙，给了共和党人推翻他的契机。

法兰西第三共和国

在普法战争尚未结束的时候，一支由莱昂·甘必大带领的共和党人团体于1870年9月4日在巴黎宣布法兰西第三共和国成立。尽管法国人对新政权的看法不尽相同，但都一致认为旧日的帝国是一个巨大的失败。1871年，国民议会选举阿道夫·梯也尔为临时的政府首脑。但在首都巴黎，一些更为激进的爱国主义者想加强新政权中的共和主义倾向，随后，为了纪念雅各宾派在1793年成功掌控议会而发起了巴黎公社运动。巴黎公社的主要支持者是小资产阶级和工人阶级，最终这场运动被帕特里斯·麦克马洪的军队残酷地镇压了。人们普遍认为，在这场凡尔赛与巴黎公社的对峙中，死者多达30000人，除此之外，还有35000人被捕，7000人被驱逐至新喀里多尼亚，大部分和巴黎公社相关的人员都遭到了流放。

国家重获秩序之后，麦克马洪接替梯也尔成为共和国的总统。议会通过了一系列的基本法律，旨在彻底采用两院制作为议会制度，保证总统由国民议会选票的多数票以及参议院共同决定产生。这一政治体系的关键就是国民议会，议员都是通过普选产生的男性，任期为四年。在众多担当法国总理这一职务的政治家中，有一位不得不被浓墨重彩地提起，他就是茹费理，曾两度出任总理（1880—1881年和1883—1885年）。

茹费理致力于修复巴黎公社对社会造成的破坏。那些遭到驱逐或是流放的人员得以回国，新闻监管也被取缔了，工会重新合法化。他在国内进行教育改革，使之世俗化，对外则野心勃勃地进行着殖民扩张，试图重新建立法国在早先的战败中失去的威望。19世纪末，法兰西第三共和国面临着三大危机。首当其冲的，便是乔治·布朗热将军企图通过废除《宪法》以重建专权制度。其次，便是“巴拿马丑闻”，其始末是：斐迪南·德·雷赛布（曾主持开凿了著名的苏伊士运河）被任命为巴拿

德雷福斯事件

一幅于1897年在美国讽刺杂志《朋克》上发表的漫画描绘了德雷福斯，一位以猴子形象出现的法国士兵，正试图“拯救”共和国。

巴黎公社与共和国

1870 年，由于普鲁士在色当会战中大败法国，普法战争最终以法国的失败画上了句号，这场战败在标志着法兰西第二帝国陨落的同时也意味着法兰西第三共和国的崛起，同时也拉开了一场革命的序幕，这场革命的最终走向，便是 1871 年所建立的极具戏剧色彩的巴黎公社。

得益于普法战争战败后出现的权力真空，国民自卫军于1871年3月18日在民众的支持下夺取了武装，并在巴黎建立了由激进党派社会主义者和共和党领导的自由市政府。深究这场起义的原因，一方面是投降引发了民众的怨恨，另一方面则是选举的结果总是倾向于君主主义者以及保守派。巴黎公社只维持了两个月便遭到了军方的清洗，但在它短暂的生命期内，一部分政策仍然得以实施，诸如实现政教分离、废除债务利息以及允许工厂自我管理。马克思认为，这是无产阶级专政的第一次尝试。

右图 正如旺多姆广场上树立的石柱象征着“拿破仑”的胜利，这张摄于1871年的照片中倒塌的雕像也象征着“拿破仑”这个符号的陨落。

马运河公司的总经理，负责开凿巴拿马运河，这一项目最终因经营不善等因素而搁浅，雷赛布也因为腐败被判处监禁。最后一大危机，便是 1894 年的“德雷福斯事件”：阿尔弗雷德·德雷福斯是一位出生于阿尔萨斯的犹太裔军官，他被人诬陷曾将国家机密兜售给德国人，因此，被裁定犯下了叛国罪。这一事件引发的社会政治冲突直接导致了共和国至少十年的动荡，作家爱弥尔·左拉挺身而出，在报纸上发表文章抨击政府，以求能为德雷福斯平反。

俄罗斯帝国

19 世纪中期，俄罗斯是欧洲国土面积最大的国家。与当时的英国国土结构相反，

俄罗斯建构了一个巨大的联合国土系统，使其疆域覆盖了大部分的欧洲大陆和亚洲大陆。俄罗斯当时的大部分人口处在农民阶层。国家由几位实力强大的领主割据，这些领主中的大多数都是土地所有者，他们强制征召数量庞大的农奴（俄帝时代的农民），但农奴所有权却没有得到任何政府的认可。彼时的俄罗斯完全脱离了现代化，沙皇享有绝对专制的君主制集权。

俄罗斯在波兰的专权统治于1830年引发了革命运动，这场运动持续了一年多的时间。而这场革命，通常被人们称为“十一月起义”，最终还是被十分血腥地镇压了。其中，俄罗斯镇压部队的统帅叫作伊万·帕斯克维奇，在华沙投降后，他因为此次战功被封为该市的大公。这一系列的悲剧事件引发了波兰人的移民浪潮，其中

改革者亚历山大二世

通过废除农奴制，亚历山大二世实现了俄国农业经济的现代化，农业的创收也是他庞大帝国的主要财富来源。

插图 沙皇的青铜雕像，雕刻于 19 世纪下半叶，作者恩斯特·J.W. 梅纳特。

又以移民至法国的人数最为可观。

当时俄国的沙皇是尼古拉一世，他于 1825 年继承了他的哥哥亚历山大一世的王位。他在统治期间坚决反对任何可能削弱他的实权的改革，并且他坚信这一信念是神圣的。尼古拉一世尤为关注外交政策，他坚决主张通过土耳其海峡进入地中海，但这一做法最终使他失去了法国和英国的信任，继而引发了克里米亚战争，最终以战败收场。为了强化君主专制，强调民族性理论，尼古拉一世对内的政策主要以东正教的利益为出发点。因为他希望完全拥有整个国家的统治权，因此尼古拉一世部署了一支强大的警备部队，并且大大增加了公共行政部门的数量。1851 年，连接圣彼得堡和莫斯科的铁路开通了。19 世纪中叶，在适度的工业化刺激下，俄国经济有所增长，但不幸的是，旷日持久的封建制度仍旧阻碍了该国为通向现代化所做出的任何尝试。

亚历山大二世在 1855 年接替他的父亲尼古拉一世进行执政。新的沙皇自其上任开始，便进行了一系列改革，旨在为帝国寻求新的出路。1858 年,他下令解放所有皇室的农奴。1861 年，解放农奴这一举措被推向全国。他还赋予了人民更多的自由，减轻了新闻审查的力度，并赋予了大学更多的自主权。最后，他还修改了司法制度，使民众拥有了从前仅有贵族才能享有的司法权，进一步保障了每个人的权益。

在外交领域，沙皇亚历山大二世于 1873 年与奥匈帝国和德国缔结了三帝同盟。这三个主权国家野心勃勃的计划仅仅是持久地维护整个欧洲的和平稳定而已。然而，俄国与奥匈帝国在巴尔干地区的利益冲突，最终导致了前者对土耳其进行干预。令人惊讶的是，1878 年，欧洲列强召开的柏林会议成功迫使沙皇亚历山大二世放弃了他的大部分征伐土耳其的计划。三帝同盟自此宣告破裂，尽管几年之后，俾斯麦首相试图重建同盟，但没有成功，三帝同盟最终彻底解散。

波兰最初的民族主义是在沙皇统治期间萌芽的。依靠着普鲁士的帮助和拿破仑三世的支持，波兰人于 1863 年发动起义，旨在重新制定宪法以及争取更多的主权，但这次起义仍旧被亚历山大二世镇压了。波兰的起义以及改革在推进时出现的重重困难，导致作为政府首脑的沙皇较之从前更加保守。这种政治困局催生了极端主义团体，种种以无政府主义为内核的革命活动最后甚至演变成了恐怖主义，沙皇亚历山大二世最终成为了受害者，他于 1881 年 3 月 13 日在圣彼得堡发生的恐怖袭击中遇刺身亡。

作为亚历山大二世的继任者，新上任的沙皇亚历山大三世加强了前者所倡导的镇压政策，不仅仅针对俄国人，他也对波罗的海人以及波兰人进行了政治迫害，具体表现为推行俄国化政策，限制他们的语言和宗教自由。此外他还迫害犹太人，组织了犹太大屠杀。由于国家现代化过于缓慢而导致的一系列民族冲突和政治问题，最终击溃了沙皇政权。

土耳其帝国

自 19 世纪之初，奥斯曼帝国就受到了来自俄国的扩张主义以及居住在巴尔干地区的东正教教徒的民族主义运动的威胁。但彼时土耳其人仍手握大部分帝国的领土主权，其势力范围遍布三个大洲：在欧洲，从亚得里亚海到黑海；在亚洲，从爱琴海到波斯湾，从黑海到红海；以及北非的黎波里和西里纳卡省，即现在的利比亚。

奥斯曼帝国之所以得以在夹缝中生存，是因为得到了欧洲部分强国，尤其是英国的支持。英国为了阻挠俄国通过地中海向巴尔干地区扩张，故而积极地保护奥斯曼帝国的完整性。

除却前文所提到的外部威胁，土耳其帝国还面临着自身地方性的技术落后问题，并且由于土耳其帝国的经济主体仍旧是农业经济，再加之该国一直游离于工业革命之外以及外国资本的不断入侵，其经济实力不断地遭到削弱。不仅如此，在巴尔干地区掀起的民族主义浪潮正形成一股力量，威胁着土耳其领土完整性。土耳其的整个政治体系都被权力无限的苏丹掌握在手中，他是伊斯兰教徒的领袖，享有帝国其他臣民们

无法享有的无上权力。然而，帝国政权在面对其统治下的基督教徒时，却展现了相当的包容性。

奥斯曼帝国在希腊独立战争（1821—1829 年）中战败，从而失去了对希腊的管辖权，但在 1839 年—1861 年革新者苏丹阿卜杜勒-迈吉德一世又重新统治了希腊，这位苏丹统治者在统治初期就必须面对与希腊的种种冲突。根据 1829 年所签署的《亚德里亚堡和约》，希腊获得了独立，土耳其的船舶得到了在连接黑海与地中海的伊斯坦布尔海峡与达达尼尔海峡这条航线间自由航行的许可，同时可以与沿岸的未与其交战的国家展开自由贸易。俄国立即从中获利：该国的船舶也得以自由通行伊斯坦布尔海峡与达达尼尔海峡，这为该国掌控地中海提供了便利。但在 1841 年，英国的外交大臣巴麦尊认定奥斯曼帝国的危机会牵动整个欧洲，在谈判后，当时的欧洲列强——俄国、英国、法国、奥地利以及普鲁士——与土耳其共同签署了《伦敦海峡公约》，根据该公约，任何外国军舰禁止进入伊斯坦布尔海峡与达达尼尔海峡。

在巴尔干地区，俄国试图将自己定义为奥斯曼治下的斯拉夫人的保护者。俄国人曾经占领了摩尔多瓦和瓦拉几亚，尽管短暂的占领于 1851 年结束，但俄国人的态度仍然使他们失去了欧洲列强的信任。英国希望保全土耳其的实力，以便遏制俄国的扩张主义。此外，法国和英国在近东地区和地中海地区都占有巨大的商业份额，同时，俄国和法国要求保护在土耳其所管辖的圣地中的基督教徒——分别是东正教徒和天主教徒。种种因素都暗示了“近东问题”将迅速引发一系列的冲突。

19 世纪中叶，整个欧洲的和平与否完全取决于每次冲突是否能被妥善地解决。试想，如果没有在 1814 年的维也纳会议上提出“梅特涅体系”，那么欧洲列强们恐怕会不惜一切代价维持欧洲的平衡。但是，随着民族主义的出现，如自由主义的兴起，旧日外交体系的既定秩序还是受到了冲击。

克里米亚战争

克里米亚战争爆发于 1853 年。沙皇尼古拉一世和拿破仑三世针锋相对的野心间接引发了这场战争。同时，英国为了保证自身在地中海的利益、保护通向印度的航线而有意维护奥斯曼帝国的完整性也是战争的诱因之一。但是归根结底，近东冲突才是战争爆发的直接原因。法国和俄国都要求保护土耳其治下圣地的基督教徒，但法国皇帝的实际野心是寻求他的前任路易-菲利普一世在这个地方所未能取得的胜利，并同时打败俄国这位自 1812 年以来的宿敌。英国后来与法国结盟，以阻止俄国染指土耳其领土。

尽管多方势力曾在维也纳会议上为维持和平做出了努

权力的平衡

在 1878 年俾斯麦所主持的柏林会议上，针对俄土战争的问题，欧洲列强同意重组巴尔干地区的力量以求平衡。

插图 由安东·冯·沃纳所绘，背景中左起：俄国总理戈尔恰科夫（就坐），英国首相迪斯雷利（站立）；油画中央左起：奥匈帝国外交部长安德拉希（站立），俾斯麦首相（站立），俄国顾问（站立）。

力，但战争仍旧不可避免。俄国要求获得巴尔干地区的东正教徒的保护权，但土耳其选择无视这一要求，以此为借口，俄国再次占领摩尔多瓦和瓦拉几亚。11 月，土耳其向俄国宣战。次年 3 月，英国和法国分别派遣他们的舰队进入达达尼尔海峡。

考虑到奥地利可能突然发难，土耳其将其在摩尔多瓦和瓦拉几亚的部队召回。彼时正是签署和平协议的理想时机，但霍乱疫情肆虐，英国和法国的军队的实力都遭到了削弱。这两股势力在战争中难以脱身，所有交战国的声望都岌岌可危。1854 年 9 月，英法联军在克里米亚半岛登陆并开始围攻塞瓦斯波托尔，这场鏖战持续了整整一年。在英克曼战役和巴拉克拉瓦战役之后，塞瓦斯波托尔陷入危机。同年 12 月，奥地利与英国和法国在维也纳签署反俄同盟，但并未发动军事行动。意大利方面，皮埃蒙特-萨丁尼亚国王（维托里奥 · 埃马努埃莱二世）希望获得盟国的助力以统一整个意大利半岛。在意大利独立战争中，电报和大众媒体第一次发挥了巨大的作用，那些惨烈的战地照片向民众揭示了战争的残酷性和毁灭性。

奥斯曼帝国的式微

阿卜杜勒-米哈德二世，又称“大刽子手”——他对亚美尼亚人以及库尔德人进行的种族清洗使得他臭名昭著。他的独裁统治使奥斯曼帝国的现代化进程推迟了至少十年。1906 年，青年土耳其党发动起义推翻了这位独裁的苏丹。

插图 苏丹(1885 年)。

1855 年，沙皇尼古拉一世的去世使那些通往和平之路

上可能出现的障碍随之消失，最终，欧洲各国于 1856 年 3 月 30 日在巴黎签署了《巴黎条约》。条约的内容包括：黑海向所有国家的商船开放，多瑙河向国际开放；摩尔多瓦和瓦拉几亚（如同塞尔维亚一样）获得自治权；土耳其承诺对穆斯林和基督教徒一视同仁。

克里米亚战争结束后，因为某些仍在其统治下的民众发动独立运动的缘故，奥斯曼帝国的实力再次遭到削弱。帝国的日渐式微，也可以归咎于行政管理的不善以及腐败风气的日益严重。摩尔多瓦和瓦拉几亚于 1862 年合并为罗马尼亚联合公国，塞尔维亚于 1867 年彻底独立。

黑山获得了更多的自治权，只有保加利亚仍然完全处于土耳其的统治之下。1875 年，保加利亚参加了在波斯尼

巴拉克拉瓦战役

这幅由理查德·卡顿·伍德维尔于 1895 年创作的版画生动地描绘了 1854 年 10 月 25 日在围攻塞瓦斯波托尔期间传奇却也惨烈的巴拉克拉瓦战役中一支轻骑部队冲锋陷阵的场景。在画中，军令似乎有所延误，这支英国骑兵队不得不直面俄军 50 门火炮、两个步兵营以及数支骑兵团的夹击（该画作收藏于伦敦国家陆军博物馆）。

弗洛伦斯·南丁格尔，红十字会的启发者

1883 年，弗洛伦斯·南丁格尔获得了由维多利亚女王颁发的皇家红十字勋章，成为了历史上这一荣誉的首位获得者。这位来自英国的护士在军事卫生领域做出了巨大的贡献，她在克里米亚战争期间对伤员进行的救治工作使得她闻名于世。

弗洛伦斯·南丁格尔出生于1820年，她的名字“弗洛伦斯”也正是她出生地的名字，意大利城市佛罗伦萨[23]。这位护士将她的一生都贡献给了护理事业。尽管遭到了处于上流社会的家族的反对，少女时期的南丁格尔还是义无反顾地选择了与她的社会地位并不相匹配的事业。南丁格尔于1853年成为了伦敦一所医院的护士长，此前她已经有了十余年的工作经验。在这所医院里，她得到了完善自己的专业知识以及进行大量科学实践的机会。来自克里米亚前线的消息促使她动身前往战争第一线进行伤员救治，在医院的这段经历使她获益良多。1854年11月，她带领着一支由38名女护士所组成的队伍到达英国军营所在地，此后她在那里进行了长达两年的救治工作。尽管当时资源匮乏，但她还是克服种种困难，成功地降低了伤员的死亡率，其中卫生条件的改善发挥了巨大的作用。返回英国之后，她领导了一场大型的政府级别的宣传运动，希望国会能出台相关政策使护士更加专业化，以及进行卫生和军事改革。当瑞士慈善家亨利·杜南于1863年创立红十字会时，他毫不犹豫地承认了自己是受到了这位女士的启发。

插图 弗洛伦斯·南丁格尔雕像，阿瑟·乔治·沃克的作品，位于滑铁卢广场（伦敦）。

[23] 两者的拼写都为 Florence。——译者注

亚和黑塞哥维那（简称波黑）爆发的起义。苏丹阿卜杜勒-米哈德二世以十分血腥的手段暴力镇压了这场起义，整个欧洲为之震惊。《圣斯特凡诺条约》在当时沙皇的干预下诞生了，保加利亚公国自此成立，对此英国和奥地利深感担忧，因为这两个大国害怕保加利亚成为俄国的仆从国。1878 年，德国首相俾斯麦也表示了同样的担忧，主动邀请列强参与柏林会议，并最后修改了《圣斯特凡诺条约》。保加利亚被分为了三个部分：北部地区，宣告独立；中部地区（东鲁米利亚）将由土耳其政府管辖；南部地区，包括马其顿，重新归还土耳其。英国得以掌控塞浦路斯岛，奥地利则获得了波黑的管辖权。

尽管土耳其人不再拥有外部的助力，但奥斯曼帝国的最终陨落还是因为这项国际条约的缔结而延后了。保加利亚早在 1885 年夺取东鲁米利亚之前便已经独立并且脱离了俄国。奥地利对波黑的接管给塞尔维亚带来了巨大的压力，其结果最终导致了几年后第一次世界大战的爆发。

以武装求和平

尽管 19 世纪下半叶法国和德国之间曾出现过几次短暂的和解，但长期以来，这两个相邻国家之间的反复敌对仍然是欧洲外交的焦点之一。人们认为这种敌视相较于其他因素能更轻易地威胁到欧洲的和平，这一观点促进了同盟网络的形成以及列强间为了互相制约而签署的一系列条约的完善。

欧洲方面的普遍诉求是能让这片大陆上的各方势力趋于平衡。但是这种“权力平衡”[24]已经不再像拿破仑帝国溃败后，取决于一个国家对另外一个国家绝对实力的威压，而是基于每个国家的、与其自身人口和经济水平成正比的军事实力。

在“战”与“和”的博弈中，和平总能胜利的根本原因是“和平”将被公认为是普遍价值，具有务实主义和唯物主义的前瞻性，而不仅仅关乎道德。国际政局的平衡是如此脆弱，以至于其在动荡中很快便破裂了，并导致了历史上第一次真正意义上的全球战争。

但是从 1870 年开始，欧洲各国还是沉浸在合作共赢的氛围中。在欧洲，一些

[24] 权力平衡：原文为英文，balance of power，是国际关系理论古典现实主义与结构现实主义理论的核心概念之一。——译者注

国际非营利性组织纷纷涌现，比如红十字会（1864 年）；国际电报联盟（1865 年）；万国邮政联盟（1878 年）；世界博览会。现代奥林匹克运动会也于 1896 年恢复。

正是在这一时期，各大势力学会了通过组织国际会议而不是发动战争来解决争端。例如，俄土战争之后，于 1878 年召开的柏林会议重组了巴尔干地区；之后又有 1884 年《布加勒斯特条约》的柏林会议使各国在殖民地问题上达成共识；1886 年塞尔维亚和保加利亚战争的结束；1889 年的海牙和平会议，更是让人们觉得世界和平也许不再是奢望。

统一后的德意志在推动国际和平的进程中发挥了至关重要的作用。俾斯麦首相想通过与邻国缔结一系列合约，来保障欧洲能有可惠及至少一代人的和平，最终达成德意志统一的目的。法国迫切地希望摆脱 1871 年战败之后的被孤立状态，也同时关注着英国的态度。这两位欧洲列强彼时是防御性目标而不是进攻性目标。英国既不想参与法国的事务，也不想成为其盟友，更不想参与欧洲的政事，因为它正专注于进行海外殖民。英国认为当下欧洲大陆上其余的五大列强足以相互制约以达到平衡。英国的战略追求、国家传统以及对欧洲局势的见解，都可以用该国所谓的“光荣孤立”来解读。

面对英国的孤立主义，俾斯麦首相自然而然地将奥匈帝国锁定为结盟的目标。于是在 1873 年，德国、奥匈帝国外加俄国结成了“三帝同盟”，但后来，正如我们所熟知的，俄国和奥地利在巴尔干地区的利益冲突导致了该联盟的破灭。

1881 年，法国入侵突尼斯，使其成为保护国。其结果使一直垂涎突尼斯这块靠近西西里的北非土地的意大利人试图拉拢德国人。对“铁血宰相”而言，意大利的提议十分诱人，而且在俄国撤军后，结盟成为可能。于是在 1882 年，德国、意大利和奥地利缔结了“三国同盟”。这个防御性的联盟规定，如果其中一个国家遭到了侵略，那么剩余的两个盟国必须与之共同抵御外敌。1881 年，亚历山大三世继承亚历山大二世的王位，1883 年，三帝同盟恢复，但之后又随着俄国和奥地利关系的恶化而崩溃。1887 年，德国和俄国签署了《再保险条约》，这项两国之间的互不侵犯条约并没有持续很长时间。1888 年，威廉一世去世，威廉二世即位，并在 1890 年撤去了俾斯麦的首相职务。法国和俄国在 1893 年结盟，因此，在 20 世纪初，欧洲

大战的前庭

对许多历史学家和研究学者而言，俾斯麦首相以“军国主义”的思维解读“权力平衡”，加之19世纪的最后几十年他应对国际争端都采取严酷的、“摩尼教式”的手段，都是第一次人类历史上全球性的大战爆发的原因。

插图 在这幅于1886年在一份美国刊物上发表的讽刺漫画《和平天使》中，画家约瑟夫·开普勒将“铁血宰相”描绘成了一位纯真的和平天使以讽刺他的虚伪，尽管俾斯麦通过召开柏林会议结束了俄土战争并为巴尔干地区带来了和平，但并没有真正解决列强间的利益冲突。

被划分为两个敌对集团：一方是三国同盟，又称同盟国，另一方是法俄同盟与后期加入的英国所结成的协约国。

在19世纪后期的这场复杂的利益角逐中，风云变幻的国际局势和每个国家对自身利益的过度强调和保护，都使得平衡岌岌可危。欧洲在1870年到1914年所求得的和平，无疑只是“以武装求和平”，最终导致了人类历史上史无前例的战争的爆发。

档案：世界博览会

19 世纪中叶，原本只在几个国家间向公众展示最新技术创新的博览会趋于国际化，最终演变为现代化的前瞻舞台。

19 世纪下半叶，科学技术迅猛发展，不断涌现的高科技产品令人啧啧称奇，人们对进步怀有巨大的信念。这是个在人类历史上人们第一次感到自己空前强大的时期。从 1870 年普法战争到第一次世界大战之间的这段岁月，被称为“美好年代”。在这一时期，绝大多数的人都坚信，人类所有重大问题都已经被解决或者即将被解决，所谓的瘟疫、饥荒、战争以及数千年来摧残人类的其他灾难，都只不过是遥远的过去罢了。

英国作家伯兰特 · 罗素说：“对科学的乐观使人们相信天国即将降临人间。”人们所取得的科技和物质的进步在全球几个主要城市进行的世界博览会上被不断印证着。

自 1850 年起，工业和商业的发展使得一些原本只在部分国家间进行的展览趋于“国际化”，一些大国得以向世界展示

巴黎，1889 年（左图） 世界博览会期间，参观者们从埃菲尔铁塔下走过，拍摄于 1889 年 10 月 31 日。

主要的展览

1851年

伦敦 全球首届世界博览会拉开序幕，其目的是展示世界性的科技进步。

1855年

巴黎 拿破仑三世为了巩固新帝国在国际上的地位而组织了这次展览。其间展示了一些新科技，也有一些美术作品在此次展览上出现。

1867年

巴黎 首次允许一部分国家搭建其专属展馆，该展览主题是进步与和平。

1876年

费城 该展览的灵感来自美国《独立宣言》一百周年。

1889年

巴黎 该展览为了纪念法国大革命一百周年，埃菲尔铁塔的落成是主要焦点。

1893年

芝加哥 该展览为了纪念哥伦布首航并发现新大陆四百周年，强调了美国的崛起。

巴黎，1867 年 一枚拿破仑三世纪念铜币的反面，十分契合当年展览的主题（收藏于马德里拉萨罗 · 加尔迪亚诺博物馆）。

伦敦的水晶宫

1851年，伦敦人能够欣赏到与他们迄今为止在英国或世界其他地方所了解或所见过的建筑截然不同的艺术作品，那就是闻名遐迩的水晶宫，是当年在英国首都举办的世界博览会上最具有象征意义的作品。该建筑是由约瑟夫·帕克斯顿，一位主要从事温室建设的自学成才的园艺家设计的。尽管没有建筑设计的专业背景，他还是构思出了一个长580米，宽137米，高34米的大型结构，该结构占地70000平方米，并充分利用了在工业革命中产生的两种重要材料：钢铁和玻璃。帕克斯顿在建筑领域开创性地使用了预制构件，结合创新的组装技术，他能够在创纪录的短时间内组装这个庞然大物。其结果证明，使用钢铁和玻璃所建造的建筑，兼具美观、实用性以及极强的功能性。

它们的产品以及最新成就，以便将之出口到海外市场。这些展览成为现代化的象征和宣传的手段，一些国家希望借此向自己的殖民地宣扬其强盛的国力和进步的文明。因此，那些列强从新发现地区或者殖民地带来的不同种族的人类，最终作为新奇事物在展览上被展出。

英国：1851年

首届世界博览会在伦敦举行，时间是1851年3月—5月。这届世界博览会又被称作“万国工业博览会”。组织者的主要目的是

内部空间，一个精雕细琢的定制世界 水晶宫的墙是由玻璃堆砌的，因此是透明的，这重新定义了内部空间和外部空间的关系。1854 年，该建筑由海德公园迁址至上诺伍德，但于 1936 年在一场大火中被彻底破坏。

左图 1851 年的水晶宫。

上图 水晶宫内部的一条画廊被布置成了一个绿色空间。

宣传维多利亚女王统治下的英格兰。因此，人们决定在位于英国首都伦敦市中心的海德公园的正中央修建一座华丽的展厅，即著名的水晶宫。该次博览会是由维多利亚女王的丈夫阿尔伯特亲王所构思的。

水晶宫是由自学成才的建筑师约瑟夫·帕克斯顿设计的，他在短短十天内构思出了支撑数千块玻璃的金属结构。该建筑本身是一个可以栽培植物的温室，建造成本相对低廉。值得注意的是，该项目在预算方面拥有巨大优势，原因如下：该展厅是由预制组件构造的，其组装时间创下了历史最短，并且它的大部分组件可

新世界的理想展示

举办世界博览会的最初目的是展示当时的先进技术，但很快，这些博览会便偏离了其初衷：它们成为了组织国家展示其强盛国力、宣传本土文化以及证明其殖民能力的绝佳舞台。但是其余的国家最终也没有被排除在外：从 1867 年的巴黎世界博览会开始，每个国家都可以搭建自己的场馆以宣传本国文化以及文明水平。德国思想家瓦尔特·本迪克斯·舍恩弗利斯·本雅明认为，巴黎的这届博览会是一次“演艺界的洗礼”。的确，能够一睹创新的机器或是各个文明的复制品的可能性或多或少地激发了大众的好奇心。这些文化展览所能向大众展现的，有来自遥远国度的传统音乐（比如来自爪哇的甘美兰，启发了作曲家阿希尔-克劳德·德彪西），也有来自不同国家的学者进行的学术竞赛，还有现代艺术家们的作品（尤其从 1855 年的巴黎世界博览会开始，美术得以和科技比肩而行）。

只需支付并不高额的入场费，来自世界各地的参观者就能在博览会中大开眼界。1900 年，涌入法国巴黎的参观者达到 5000 万人次。一些展品在博览会结束后仍旧在发挥作用：比如埃菲尔铁塔，像是许多博览会结束后留下的建筑一样，它得以被完整保存并且可以持续地吸引游客。

上图 乔治·费里斯 1893 年于芝加哥举办的世界博览会上设计的巨大摩天轮。

巴黎的新艺术运动（左图）

1889 年举办的巴黎世界博览会上，机械画廊的圆顶描绘了当时正在萌芽的艺术运动：新艺术运动。左图为路易·贝鲁德所创作的油画。

以在后期被回收；在帕克斯顿的众多创新中，最引人注目的便是放置于地面四英尺之上的高架地板，这一设计保证了结构内部的通风，同时还有收集灰尘的功能。这个艺术建筑在被拆除后，又在泰晤士河以南的锡德纳姆的某个地区被重新组装，该地区以水晶宫命名，并且帕克斯顿围绕该地设计了水晶宫公园。不幸的是，水晶宫在它生命的第八十五个年头被一场大火彻底地摧毁了。

在此次展览中，水晶宫展馆被划分为众多不同的展区，人们可以在其中欣赏到文艺复兴时期的古埃及建筑的复制品。展览分为三个部分：现代工业；殖民帝国，殖民地的种族及其产物；艺术品及手工艺品。人们在展馆的中央举行音乐会，这里安装了世界上最大的管风琴。

水晶宫被一个宽阔的公园所环绕，公园主要由绿植点缀（帕克斯顿最初是园林设计师），人们能够欣赏到一系列喷泉奇观以及尼亚加拉大瀑布的复制品。数千种展品包罗万象，既有各种工业产品，又有炉灶、收割机、织布机和器皿。还有一些展品来自遥远的异国，比如印度，或者是白人新发现的地区，比如澳大利亚和新西兰。东印度公司展出了一个完整的村庄，人们能够欣赏到钻石“光之山”，拉者的王座，和披挂着金银饰物的大象。参观的人次达到 600 万，所带来的利益之巨，使得英国能够修建一系列重要的建筑：皇家阿尔伯特音乐厅、维多利亚和阿尔伯特博物馆以及科学博物馆。这些建筑现在都成为英国首都的名胜古迹。

法国：1855 年、1867 年和 1878 年

英国世界博览会落下帷幕的四年之后，第二届世界博览会于 1855 年在法国的首都巴黎举办。为了进一步提高帝国的威望，拿破仑三世决定举办一场不亚于英国的博览会。他的博览会将不仅着眼于工业领域，还将美术视作一个重要的主题。

人们在专门为展览而修建的宫殿里悬挂了来自 88 个国家的超过 5000 幅画作。组织者在香榭丽舍大街上修建了工业宫，专门为该宫殿设计了华丽玻璃穹顶，旨在使游客忘却当年伦敦水晶宫的盛名。展厅宽 48 米，长 192 米，是当时世界上最大的无须系梁支撑的金属有盖空间。参展者向公众展示了正在运行的蒸汽机、轮船、螺旋桨、涡轮机和各种机械设备。人们还能参观到著名的傅科摆，这台科学设备巧妙地证明了地球自转。

极其高昂的票价导致这届世界博览会并没能收获和伦敦世界博览会一样的客流量，由此便带来了严重的亏损。但是对法国人来说，这并不重要，因为他们的最终目的是向全世界展示帝国的光辉形象以及巩固帝国在工业化强国中的地位。

此后，人们又在法国巴黎相继举办了 1867 年和 1878 年的世界博览会。1867 年是世界博览会史上的一次重要转折，因为这次的博览会把世界各国放在了一个公开的、严谨的以及全球性的“竞技系统”中进行比较，使文明的进程更加透明化。此次博览会第一次在会场中心修建了花园，并将楼宇环绕在其四周。该博览会同时也邀请不同国家参展，并开创了为展示这些国家的历史与文化而打造其专属场馆的先河。然而，通过浓缩时间轴来举办微型百科展以重现人类历史的构想却失败了，由于展区空间的不足、参展国家之间过度的竞争、时间的不充裕以及前期准备的不足，这场微型百科展最后沦为了一场哗众取宠的表演。

1878 年的世界博览会于 5 月—11 月在巴黎举办。此次博览会完美地向世界证明了法国已经从普法战争失利的阴影中走出并逐渐复苏。但在开幕期间，一些由政治因素产生的细节问题仍亟待解决。尽管如此，在多方努力的促进下，博览会最终在 6 月初得以完美开幕。场馆位于战神广场，占地 270000 平方米。德国没有参与此次博览会，但英国率领了其众多的海外殖民地参展。在全长 750 米的民族大道上，欧洲大部分的国家以及亚洲、美洲和非洲各国纷纷展示它们的建筑。在夏乐宫展出的所有展品中，有法国为了纪念《独立宣言》一百周年而赠予美国的自由女神像的头像。在该博览会上，人们还能看到亚历山大 · 格拉汉姆 · 贝尔发明的电话，托马斯 · 阿尔瓦 · 爱迪生发明的留声机和扩音器。这届博览会的参观人次高达 1300 万，所带来的收益足以支付举办该博览会所支出的高昂费用。

在世界博览会举办期间，各国组织了许多代表会议。值得一提的是，作家维克多 · 雨果在这一时期主持了保护作家版权的工作，之后，以此为基础所起草的相关国际法案使艺术家们的作品得到了保护。

巴黎 1889 年：帝国

在所有的巴黎世界博览会中，1889 年举办的那届所引起的反响最为强烈。它是为了纪念法国大革命一百周年而举办的。展出从位于首都东部的夏乐宫一直延伸到战神广场。此次博览会的焦点是埃菲尔铁塔，这座令人叹为观止的宏伟建筑很快成

世纪末的精神与广告的诞生

工业革命和随之而来的资本主义体系的发展使各类商品的生产效率大大提高。那些能够吸引未来客户的商品尤其需要得到重视。正是在这种情况下，现代广告诞生了。1836 年 6 月 16 日是一个关键的日子，因为在这一天，法国出版商埃米尔·德·吉拉丹有了在他的刊物《新闻报》上插入付费小广告的想法，这样一来，他既可以降低出版成本又可以增加读者数量。广告迅速在社会上和新闻界占有了一席之地，甚至负有盛名的插画家亨利·德·图卢兹·罗特列克也绘制广告画并留名。这位法国艺术家重现了一个欢快、无忧无虑和充满着享乐主义的社会，这种乐观主义见证了世界博览会的兴起，却悲剧地被 1914 年爆发的世界大战摧毁了。

插图　朱尔斯·切雷为 1889 年世界博览会绘制的海报。

科技展示

1889 年巴黎世界博览会的机械展览馆：我们可以看到一幅巨大的广告宣传画在宣扬在工业发展支持下的科技进步。

为了法国首都的象征。

工程师古斯塔夫·埃菲尔，被誉为“钢铁魔术师”，带领着他公司中的两位工程师诺古耶和凯什兰以及建筑师索维斯特共同设计了铁塔。这座在那个年代显得十分突兀的庞大建筑于博览会的前两年，也就是 1887 年，开始建造。这座塔尽管高达 330 米，但其独特的设计使它能够在有效地抵抗风力的同时也拥有优美的外观。

除了铁塔之外，1889 年的这届世界博览会还包括了另外 80 座建筑，其中最重要的是机械画廊。这座巨大的展厅长 420 米，宽 115 米，是一个没有任何立柱支撑的巨大拱形结构。为了让参观者能欣赏到那些展厅内庞大的实物大小的机器，人们特意安装了两个可移动的甲板，以便能将它们沿着中殿移动。还有一个展馆专门用来介绍人类栖息地的历史，这是由设计了巴黎歌剧院的建筑师夏尔·加尼叶所构思的。1889 年博览会的不同之处在于，众多展厅中第一次系统性地包含了人种志学的展厅。实际上，当时人们能够在战神广场上的六个展厅中分别感受到来自印度支那、太平洋以及撒哈拉沙漠以南的非洲“异国情调”。当时的媒体详细地描述了“土著”和每天所经过的参观者们之间所建立的别致的联系。总体来说，参观者们能近距离观察大约 300 名在 100 多名殖民地士兵看管下的土著。

实际上，这是法国使其海外殖民扩张合法化的战略。

费城和芝加哥

美洲的首届世界博览会于 1876 年在美国北部的城市费城举办。这届世界博览会也被称为“国际艺术、成衣、地质及矿产博览会”，但更为人们所熟知的是它的另一个名称：“美国独立百年展览会”，旨在纪念美国《独立宣言》一百周年。

这届在费城举办的世界博览会向公众开放了六个月，吸引了超过 1000 万名游客。该届博览会建造了 250 余座独立展厅供 30000 余位参展者使用。众多由史密森尼学会策划的展出在国家政府的大楼里举行，人们可以在这里欣赏到美洲的野生动植物、矿物、陨石以及印第安人制造的手工艺品。费城世界博览会距美国南北战争结束仅有十年的时间，美国人希望借此歌颂爱国主义，庆祝该国的和平进步，同时更加明显的是，借此展示该国工农业产品以彰显其对全球经济的影响力。

美洲的第二届世界博览会于 1893 年在芝加哥举办。这届博览会也被称作“哥伦布纪念博览会”，旨在纪念克里斯托弗·哥伦布首航四百周年（实际上晚了一年，应是 1892 年）。

人们在城市以南的杰克逊公园修建了主场馆“白城”，之所以叫作“白城”，是因为所有的展厅统一被漆成了白色。其中一个展厅专门进行农业展览，其他的展厅则用作进行运输、艺术的展览。在与大道乐园展区垂直的交通干线上，坐落着人种志学的展厅、为大众准备的餐厅和各类景点，譬如工程师乔治·费里斯设计的巨型摩天轮，这是世界历史上第一次该类型的设施在展览会上出现。博览会的另外一个焦点是电力馆，该馆也是参观人数较多的场馆之一。在这里，西屋电气公司展示了伟大的塞尔维亚发明家尼古拉·特斯拉发明的电器以及电力系统，令人眼花缭乱，目不暇接。在不远处，“水牛比尔”和他的“世界驯马师联盟”也在进行以“狂野西部”为主题的系列表演。该届世界博览会共有45个国家参与，吸引的游客高达2600万人次。

其他博览会

阿姆斯特丹同样在1883年举办了世界博览会。该届世界博览会是由荷兰商会和荷兰地理学会赞助的。这届“国际殖民与出口博览会”将荷兰的首都变成了“世界的百货商店”。但最为重要的是，由于在博览会举办期间，阿姆斯特丹必须接待超过100万位游客，本届博览会无形中加速了该市的彻底现代化。1897年，新的一届世界博览会在比利时首都布鲁塞尔的五十周年纪念公园开幕，并在特尔菲伦的展馆开辟了殖民展区。利奥波德二世资助了该届世界博览会，因为在刚果进行的橡胶开采为他带来了巨大的收益。他希望被他当作私有财产的“他的”殖民地为大众所熟知。

从1888年开始，世界博览会的会址渐渐辐射到全球。譬如澳大利亚，该国分别于1879年和1885年举办了悉尼世界博览会和墨尔本世界博览会，上述两届世界博览会都拥有足以媲美传说中的伦敦水晶宫的巨型展馆。悉尼世界博览会的主会场的一部分建筑材料是木材，会场于1882年被一场大火焚毁。这些博览会在整个20世纪不间断地举行着，尽管为了组织它们，需要越来越多的国家参与监管以预防混乱和保证质量。1928年11月22日，各国在巴黎签署了《国际展览会公约》，以保障博览会的质量和频次。根据公约精神成立了执行机构国际展览局（BIE），该局于1931年正式开始行使其职责。

先驱者

油画《丹尼尔·布恩（Daniel Boone）护送先驱者》由乔治·卡勒布·宾厄姆（George Caleb Bingham）于1851年—1852年创作（收藏于华盛顿大学艺术画廊）。

插图（右侧） 明治时期的一件“印笼”——一只栓有“根付”[25]或是防丢钩“绪缔”的小盒子。

[25] 日本的一种有实用功能的微型雕塑。——译者注

其余的强国

19 世纪全球化进程十分迅速，国家与国家之间的联系如此紧密，以至每个国家都被正发生在其他国家的事情影响着。一些新兴力量在欧洲外部悄悄崛起，并逐渐有了影响世界秩序的能力。其中最值得一提的，便是在美洲大陆上的美国、在亚洲大陆上的日本、中国以及印度。

美国拥有一段相对独特的历史，因为整个 19 世纪，该国的政局都十分稳定，并且没有受到当时席卷整个欧洲大陆的革命浪潮的影响，这与动荡中的欧洲各国有着天壤之别。于 1787 年颁布的《宪法》沿用至今，其间只做了少量的修改，这证明了《独立宣言》发表以来所建立的政治制度的牢固性。

必须强调的是，美国是第一个宣告共和国成立的西方现代国家，这种全新的政体形式在那之前一般被认为是古希腊或是中世纪意大利的城邦制的特色。彼时该国

亚历西斯·德·托克维尔：《论美国的民主》

1831年，托克维尔被任命为凡尔赛法庭的实习文官，并获得去往大西洋另一边——美国的考察机会。据他说，他在美国发现、学习并十分赞同的政治制度是他的“革命战友”所能提出的最公正也是最平等的制度。

亚历西斯·德·托克维尔前往美国的最初目的是考察该国的监狱制度，并作为行政官员对其进行评估，以便法国取长补短。但真正使他着迷的却是正在美国实行的自由民主制度。他在美国居住了整整两年以便学习研究。论文《论美国的民主》的第一部分于1835年发表，该论文正是他这趟美国之行的研究成果。在该作中，托克维尔认为民主的目标是实现社会中所有成员的平等：一种消除了旧制度下阶级观念的平等。但通向民主的道路并非一马平川，稍有不慎，民主就会变为多数人的暴政或者成为披着民主外衣的恺撒主义（比如拿破仑三世，托克维尔是其反对者）。

插图 1850年由泰奥多尔·夏塞里奥创作的托克维尔肖像（收藏于凡尔赛宫国家博物馆）。

的这一宪制体系令人吃惊，其原因是尽管该体系最初是为一个拥有150万人口的农业国家而定制的，但最终却规范了一个成功征服了北美洲大部分领土的大国的政治活动，并使得该国的工业异常繁荣。因此，美国成功跻身世界强国的行列。从根本上来说，美国是一个依据中央政府与各州之间的协议组建的联邦共和国。这项协议同样体现在为了减轻规模较小的州面对较大的州时所产生的压力而采取的解决方案中：所有州在参议院中都有议会代表（每个州有两名参议员），各州在国会中的代表人数与该州的居民人数成正比。此外，各州立法权、行政权和司法权的平等和完全独立使得任何一个州都无法威胁到另一个州。

美国的崛起

1828年，安德鲁·杰克逊当选美国总统，并开启了美国历史上著名的“杰克逊时代”。在杰克逊总统的任期内，美国各州的《州宪法》一个接一个地被重新修订，普选制度得以被推行的同时，选民的意愿也被公民社会的各个领域纳入参考。有赖于教育水平的大幅度提高和良好的媒体宣传，人民的政治责任感越来越高。美国的民主繁荣吸引了众多欧洲人前来研究学习，如法国人亚历西斯·德·托克维尔。这位实习文官在他于1835年—1840年发表的论文《论美国的民主》中表达了他对美国民主制度的极大钦佩。但应该指出的是，尽管美国在政治自由领域取得了长足的进步，但是奴隶制度也在南部各州悄然兴起，并开始向全国扩散。彼时，南部兴起的棉花种植使得该地区对廉价、顺从的劳动力的需求日益增长。此外，与印第安族群的战争、为限制后者权利而颁布的法律以及诸多被迫向西迁徙的部落都从不同方面强化了当时的种种矛盾。

至于对外，杰克逊时代的美国人一直秉持的信念是“昭昭天命”：他们坚信美国被上天赋予了向西扩张并最终横跨整个北美洲的使命，那些被法国、西班牙、俄国、英国和墨西哥占领的土地都将注定被“收复”。

美国于1803年收购了路易斯安那州，法国势力自此彻底从美洲大陆上消失；于1819年签署的条约[26]确定了新西班牙的总督管辖区的边界；1824年，俄国与

[26] 即《亚当斯-奥尼斯条约》。——译者注

美国针对阿拉斯加的领土主权问题达成了协议；1846年，美国与英国签署了《俄勒冈条约》，该条约宣布英国对俄勒冈地区的所有权无效；1848年，美国在美墨战争中大败墨西哥，由此获得了新墨西哥州以及加利福尼亚州（美国在战前获得了得克萨斯州）；最终，美国在1898年的美西战争中取胜之后，占领了波多黎各岛并扩大了其在古巴的影响力。至此，这个北美大国拥有了与整个欧洲大陆面积相当的领土，并一跃跻身世界强国之列。

征服西部

"向西部扩张"是美国历史的宏伟乐章中不可忽略的一节。这是个不容置疑的事实：整个北美民族的形成在一定程度上依赖了该国"向西部扩张"的这一行为，甚至可以说，这一行为极大地影响了美国人的集体意识形态。这场大型的迁徙活动被称为"征服西部"，并以一种特殊的方式刺激了该国的经济发展，同时加速了该国政治民主化的进程，甚至使该国不得不直面奴隶制带来的社会问题。

为了防止各州在这场征服和殖民的活动期间展开恶性竞争，法律规定不得改变现有州的边界，同时新取得的领土则将被作为新的州。因此，美国州的数量从最初的十三个增加到1850年的三十个。尽管从世纪之初开始便有源源不绝的人口涌向西部，但历史上却出现了两次尤为巨大的移民浪潮：一次发生在1800年—1825年，迁移的人潮涌至密西西比州并越过其边境继续向西；另一次是在19世纪中叶即1840年—

北美印第安战争与征服西部

1851年

《拉勒米堡条约》 政府和北美大平原的各部落达成协议以保障西部移民的安全通行。

1851—1886年

阿帕奇战争 在亚利桑那州和北墨西哥这片战场上诞生了杰罗尼莫这位传奇英雄。

1864年

沙溪大屠杀 约翰·切芬顿上校和他手下的士兵屠杀了近200名夏延族人和阿拉帕霍族人。

1867—1877年

黑山 美国人觊觎该地储量丰富的黄金，但在苏族人和夏延族人的眼中，这块土地神圣不可侵犯，战争由此引发。

1876年

小大角战役 卡斯特中校率领的第七骑兵团被苏族的"疯马"和"坐牛"全数剿灭。

1890年

伤膝河大屠杀 第七骑兵团奉命驱赶当地苏族人，最终屠杀了300～500人。

1860年，人们到达了大西洋沿岸。至此，美国人所占据的领土和该国如今的国土几乎相差无几。

西部成了千千万万个想要展开全新生活的开拓者和移民者的目的地：人们都怀揣着改善自己财务状况的想法。这块“应许之地”渐渐地成为了一个传说，不断地召唤着人们从四面八方赶来。密西西比河另一侧大部分的土地都是印第安原住民和西班牙裔的家园，美国人为了占领这些土地，通常使用十分暴力的手段驱逐原住民。最初人们期望在更西的地方规划一块永久的印第安领地，以保留他们的身份和文化。然而，美国人贪得无

美墨战争

韦拉克鲁斯包围战的胜利奠定了美国取得最终胜利的基础。美军顺着埃尔南·科尔特斯的入侵路线抵达并包围了该城市。

插图 韦拉克鲁斯包围战，阿道夫·让-巴蒂斯特·贝奥特于1851年根据卡尔·内贝尔的油画所创作的版画（收藏于墨西哥国立人类学博物馆）。美国对墨西哥的侵略最终以《瓜达卢佩-伊达尔戈条约》的签订而画上句号，根据条约美国获得了墨西哥55%的土地，而作为补偿，墨西哥则得到了1500万美元。

小大角战役：卡斯特中校对阵“坐牛”

1876 年 6 月 24 日—25 日，美国军队遭受了他们最痛苦也最富戏剧化的一次溃败：一支印第安部落联盟的军队击溃了卡斯特中校所率领的第七骑兵团。

在小大角河附近发生的这场战役是北美印第安战争中的一个著名事件：部族联盟与华盛顿政府开战的象征意义远大于军事意义。一整支劲旅连同着其指挥官的全军覆没，很快为苏族的英雄招致了灾难：对苏族人而言胜利有如昙花一现，美国政府在受挫后迅速派遣了全副武装的军队对其进行镇压。“坐牛”（右图 1），苏族的萨满和酋长，在小大角战役中率领军队与“疯马”并肩作战，但他们在 1890 年被暗杀。乔治·阿姆斯特朗·卡斯特（右图 2）在美国南北战争后成为该国较受追捧的军人之一，被任命为第七骑兵团中校，后战死于小大角。

插图 版画《卡斯特最后的冲锋》，菲奥多·福斯于 1876 年创作（收藏于华盛顿国会图书馆）。

厌的扩张主义，给这些流离失所的部族带来了新的压力，也激发了新的冲突。早先所签署的条约从来没有被遵守过，外来的白人变得专横起来，并不断地展开驱逐和清洗行动。19 世纪中叶，中央政府设想了一个在得克萨斯州和加利福尼亚州设立印第安保留地的方案。其目的无疑是迫使印第安人被北美文化同化，但这一切只是徒劳，因为最终该方案惨败了。19 世纪下半叶，双方仍旧冲突不断，联邦军队不断地骚扰各部落，最终导致了激战。1864 年，一支由科罗拉多州州长约翰·切芬顿上校指挥的军队在沙溪屠杀了夏延族人和阿拉帕霍族人。1876 年，苏族人大败卡斯特中

校所率领的第七骑兵团。

在这场位于小大角的战役中，包括卡斯特在内的第七军团几乎全军覆没。但印第安人的反抗力越来越弱，那些幸存者们被“圈养”在新的保留地里，在这里，他们被边缘化并饱受贫穷的折磨。

同时，随着越来越多的农民、牧场主、淘金者以及各式各样的冒险家到来，西部地区的拓殖仍在不断进行。北美这个年轻国家的社会、政治和经济的形成，很大程度都归功于来自西部这片无主土地上的群众。但大西洋海岸作为一道天然的“屏障”，迫使美国人开始搜寻新的目标，最终致使该国实行帝国主义性质的外交政策。

美利坚合众国与美利坚联盟国：两个世界的战争

自1789年的《凡尔赛条约》承认美国脱离英国独立以来，美国的南方与北方在政治和经济上表现出的明显分歧使得战争一触即发。

1861年，美国的总统选举活动使得北方各州与南方各州的关系更加紧张直至最终破裂。废奴主义或是解放各州等话题激化了每个人的立场。当共和党人亚伯拉罕·林肯就任美国总统时，南部的十一个州通过成立美利坚联盟国并宣布独立来表达不满。这些州分别是：北卡罗来纳州、南卡罗来纳州、密西西比州、佛罗里达州、亚拉巴马州、佐治亚州、路易斯安那州、得克萨斯州、弗吉尼亚州、阿肯色州和田纳西州。杰斐逊·戴维斯担任美利坚联盟国的总统。忠于林肯的一些北部州（包括西部的一些州，如加利福尼亚州和俄勒冈州）被称为“联邦”。

右图 提摩西·H. 奥沙利文于1863年6月1日所摄的照片。照片中横尸遍野，遗体的主人都是在血腥的葛底斯堡（宾夕法尼亚州）战役中战死的南军士兵。

左图 亚伯拉罕·林肯肖像，由马修·亨利·威尔逊在其被刺杀前不久创作（收藏于安纳波利斯美国海军博物馆）。

奴隶制问题

19世纪上半叶，在美国这片广袤的土地上，两种截然不同的经济模式在南北两地共存。北部各州高度工业化，商业繁荣并且创新不断。他们为维护自己的利益主张推行贸易保护主义的海关政策，以避免自身受到欧洲工业的侵害：欧洲的工业化历史更为悠久，故而器械更为精密、所生产的产品品质也更为上乘。但南方人的主张却截然相反：他们捍卫自由贸易。南部各州的经济完全依赖棉花种植，该种植系统和所有的单一种植系统一样高度依赖市场需求。大量的产品出口到以英国为代表的外部市场。至于进口方面，来自英国的商品与新英格兰的本土商品形成了良性竞争

关系。此外，由于流动资金的不足，南方的种植者们不希望与欧洲形成海关壁垒：他们十分依赖收成时英国所发放的贷款。

美国的北部与南部的分歧源自他们在海关政策主张上的不同以及利益的冲突。但真正的危机并没有因为对外贸易的分歧而爆发。战争的真正诱因对南方的经济至关重要：殖民历史的遗留物——奴隶制。这个新国家的建立者们认为，随着时间的推移以及民主自由的不断加强，奴隶制作为糟粕终将消弭。但事实并非如此，棉田的不断扩大以及由此产生的对人力的需求，使得奴隶制这一现象日渐严重并有扩散到全国的趋势，甚至奴隶制奠定了一个传统、优雅、精致以及有文化底蕴的阶层形成的基础。奴隶制的消亡将意味着大片种植园的消失，并为那些富有的土地所有者们带来灭顶之灾。另外，北方各州的公众舆论开始严重关切这种情况的存在，人们认为这违反了国家宪法的主要精神。人们的不安主要体现在废奴运动上，作家哈里特·比彻·斯托的著名小说《汤姆叔叔的小屋》（*La Case de l'oncle Tom*）的出版，更是激起了强烈的废奴情绪。该作于1851年—1852年在美国废奴主义周刊《民族时代》（*National Era*）上连载并引起强烈反响，成书在全国范围内广泛发行，并深深地影响了公众舆论。

西部地区在冲突中扮演了至关重要的角色。由于棉花是土地密集型作物，因此，对土地的需求促使南方的人们去往临近州（如阿肯色州和密苏里州）拓殖新的土地。联邦的未来取决于这些新州所选择的道路：如果它们承认奴隶制，那么那些独立的小农场主最终将消失，而那些大农场主仍旧手握大量土地；如果它们拒绝围绕奴隶制组织农业活动，那么它们将走上北方各州的道路。这场博弈的范围不断扩大，最后自然而然地演化为一场全国性的冲突。

南北战争

南方各州与北方各州的决裂最终不可避免。但是战争的爆发并不源自双方对奴隶制的争议。事实上，战争真正的诱因归根结底还是宪法层面的问题：国家的权力被分离。当共和党候选人亚拉伯罕·林肯于1860年成功当选总统时，南卡罗来纳州立即宣布脱离联邦。

共和党人以他们的废奴主义立场而著称，而林肯尽管偏向保守，但仍旧坚决反对奴隶制。十个州紧随南卡罗来纳州的脚步脱离了联邦，并与其一道成立了一个全新的政权：美利坚联盟国（又称“邦联”）。分裂并没有立即引发战争。林肯总统对脱离联邦的分离主义者是否拥有合法的权力表示了质疑，并且拒绝承认分裂，但他一直保持着一个谨慎的态度并拒绝动用武力。

1861年4月12日，南部各州通过袭击萨姆特堡宣战。这个联邦飞地作为一道

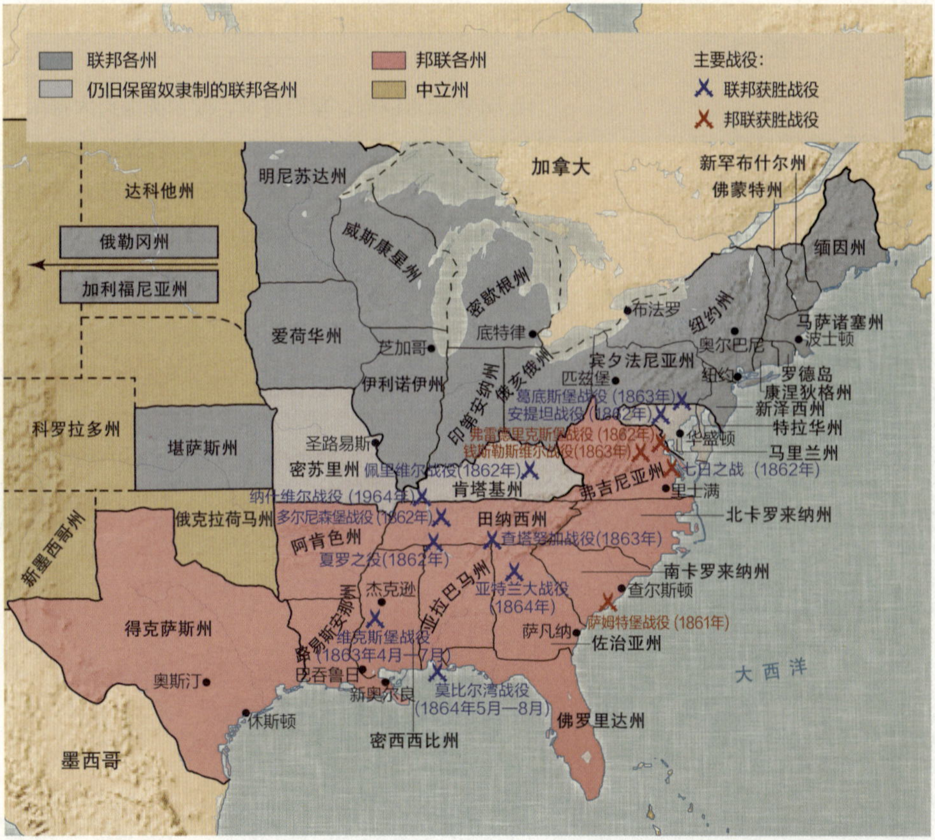

碍口保护了通往南卡罗来纳州的查尔斯顿港。美国内战持续了四年（1861 年 4 月—1865 年 4 月）。这场战争凸显了北方二十三个州的人口优势及军事实力。但南部各州深谙动员之道，深知统治阶级的巨大财富允许他们从欧洲方面购置大量军火。

战争初期的南部军队厉兵秣马，并通过主动发动军事行动以及进行反复的演习来弥补其部队的先天劣势。但北部军队的优势却仍旧在不断扩大，自 1863 年 7 月在维克斯堡和葛底斯堡的战役中取得胜

战争日期

1861年

美利坚联盟国宣布成立。

1863年

血腥的葛底斯堡战役于当年7月爆发。

1864年

尤利西斯·辛普森·格兰特被任命为北方军队总指挥官。

1865年

战争结束，林肯于当年4月被刺杀。

明治时代的重大纪事

1866年

最后的幕府将军 德川庆喜出任幕府将军，但一年后他不得不将权力交予天皇。

1867年

天皇 明治天皇于该年2月3日继承了其父亲孝明天皇的皇位，他在任直至1912年去世，享年59岁。

1868年

戊辰战争 德川幕府势力与希望开放国家并重掌大权的天皇势力之间爆发了战争。

1868年4月

五条御誓文 明治天皇向公众发表了一篇蕴含五条国是方针的誓文，旨在详表明治政府实现日本现代化的目标。

1868年9月

明治时代 江户更名为东京，并成了日本的新首都。明治时代自此正式开启。

1869年

投降 由德川幕府支持者成立的虾夷共和国于该年5月投降，并宣布接受明治天皇的统治。

幕府时代的终结和王政复古

自12世纪末以来，幕府将军，或者说征夷大将军一直手握国家大权。天皇的权力不断被削弱直至被完全架空，而天皇的形象最终也只具有象征意义而已。这种状况在明治维新开始之前已经持续了七个世纪。

与西方的接触。美国海军准将马休·佩里的到来不仅预示了日本自古以来的孤立主义政策的结束（具体来说就是“锁国”：该政策禁止任何人进入或离开该国，违者以死刑论处），而且也为日本社会带来了深层次的变化。该变化最终终结了已经在该国大行其道7个世纪之久的封建制度。自1603年以来，执政的德川幕府及其追随者都代表着前日本政权，而与之抗衡的是一些倡导开放日本并支持天皇政权的贵族集团。日本内战于1868年爆发，同年，以天皇的胜利结束。幕府被废除，权力重回天皇手中，自此明治时代开启。

右图 这幅创作于1857年的画作描绘了美国领事汤森·哈里斯和日本德川幕府政权代表会晤的场景。

利以来，胜利的天平开始向其倾斜。不得不指出，尤利西斯·辛普森·格兰特将军和威廉·特库姆塞·舍曼将军这两位将领杰出的指挥能力和周密的作战方针，为战争的最终胜利贡献良多。诸多作战方针中最为著名的是针对邦联的“联邦封锁”行动。南部军队的实力由于兵力分散，不断有士兵叛逃而逐渐减弱，最终，南部军队统帅罗伯特·爱德华·李于1865年4月9日在阿波马托克斯向格兰特将军投降。

美国内战使得来自两个阵营的共计62万人失去生命。战争的最后一个受害者是林肯总统：仅在罗伯特·爱德华·李将军投降的五天后，他在出席观看华盛顿福特剧

院的一场音乐剧时，被一位狂热的南方同情者刺杀。

奴隶制的最终废除立即导致了南方贵族经济的彻底崩溃。北部各州和中央政府在美国这片土地上享有绝对的话语权。工业经济取代了农业经济，国家的格局也在迅速改变。美国内战在增强了该国的民族凝聚力的同时，也让美国人认识到了他们真正的军事实力。

日本：明治维新

19 世纪的日本与外界隔绝。从 12 世纪开始，幕府便取代天皇掌握实权，而天皇作为傀儡只不过是民族宗教神道教的最高领袖而已。幕府将军（征夷大将军）类

马休·卡尔布莱斯·佩里

下图拍摄于 1856 年，海军准将佩里打开了日本封闭的国门，使后者能够与西方进行贸易往来。

明治：一位带领日本帝国走向现代化的天皇

1867 年，年仅 15 岁的明治继承了其父孝明天皇的皇位成了日本天皇。在内战中肃清了德川家族及其追随者，不仅使他重新掌握了已经被剥夺了 7 个世纪的权力，也让他有足够的信心与西方对话，开放自己的国家并使其走上现代化的道路，尽管从很多方面来说，封建主义已经深深地根植于该国。

孤立主义者孝明天皇的驾崩无疑给了很多日本革新派团体影响其子明治的契机。明治一直对外部世界兴趣浓厚。明治在其长达59年的统治生涯中彻底改变了日本：这成就了明治时代，一个崇尚秩序的时代。明治一般被人们称作“明治天皇”。于1868年发表的《五条御誓文》条理清晰地言明了其政府的治国目标。值得注意的是，彼时日本人政治生活的民主化：包括武士特权在内的旧日封建结构逐渐消失；相关的法律出台以保证公民的政治平等；以欧洲的模式为范本推进工业化同样也得到了法律的保障。1889年，《大日本帝国宪法》的颁布标志着日本正式成为君主立宪制国家。

左图　明治天皇肖像。

右图　由歌川广重[27]于1872年所作的浮世绘，描绘了东京至横滨线间一列火车正在进站的场景。

似于军事独裁者，拥有绝对的权力。自 17 世纪以来，这一权力便被德川家族牢牢握在手中。幕府将军的权力在此期间落入了“大名主”（土地或庄园的领主，其麾下有武士、军队统帅以及相当规模的军队）的手中。

19 世纪的日本，君主制政权持续地压迫农民阶级以及下层阶级。封建领主带来的各项苛捐杂税迫使小农离开自己的土地为大地主耕作，或是像农村短工一样工作以谋生。因此，我们可以轻易地理解为什么在德川幕府时代或者江户时代（1603—1868 年）农民起义如此频繁。很快，一些人便发声以求改变，其中有位哲

[27] 歌川广重（1797—1858 年）：日本浮世绘画家，根据年份不可能是该画作者，疑原文有误。该画原作者不详。——译者注

学家名叫安藤昌益，他在 1755 年出版的著作《自然真营道》(*Sur le principe vital qui embrasse toute la Voie*) 中为一部分的社会主义者辩护。

19 世纪中叶，领土一直延伸到北美洲西海岸的美国开始意识到向太平洋沿岸进行贸易扩张的重要性，故而一直在寻找一个中间港口以开辟通往中国甚至是亚洲大陆的贸易之路。因此，美国人于 1852 年派遣了一支由准将马休 · 卡尔布莱斯 · 佩里指挥的舰队驶入太平洋，次年，该舰队在江户（今东京）的浦贺港停靠，并要求和日本建立贸易关系。面对美国舰队带来的威吓，日本人签署了《神奈川条约》。该条约允许美国人带有商业目的自由出入日本的港口。此后不久，俄国、英国、法国和荷兰等其他国家也和日本签订了一系列的条约，为后者长达两个世纪的闭关锁国彻底画上了句号。

日本与西方的接触在全国上下掀起了轩然大波。货币经济的爆发和商品价格的迅速上涨进一步压榨着农民和下层阶级。他们中的一些人开始联合起来反对开放政策。然而，还是有相当一部分日本人震惊于西方的科技进步，并看到了本国现代化的可能性——他们有朝一日也能让自己的祖国跻身世界强国的行列。上述的两种态度看似针锋相对，但都不约而同地为 1867 年—1869 年发动的明治改革或是明治维新积攒力量。

明治维新的最初目的旨在彻底消灭德川幕府以恢复天皇的权力。在长达七百年的支持者与反对者的武装冲突后，天皇终于重握大权。明治天皇扫清了幕府势力并将朝廷迁至新的首都东京。

自明治天皇于 1867 年登基之后，日本经历了如此激进和迅速的经济和社会转型，以至我们可以说这片群岛毫无过渡地从中世纪跳跃到了现代：旧日的封建制度直接被以现代资本主义为基础的新制度所取代了。

1868 年，明治天皇发表了一份声明，该声明列出了全国上下在新的政治道路上所要遵循的国是方针《五条御誓文》：第一，重要的事务必须在公开会议上公开讨论；第二，所有公民不论阶级都可以积极地参与公共事务；第三，国家将努力满足每个公民的合法愿望，不分阶级以力求人人满意；第四，所有新规则的建立都要基于理性和尊重；第五，大家应上下齐心，破除那些传统的非理性的陋习，同时努力学习西方先进的科技知识以振兴国之基业。

天皇又在随后发表的另一份声明中宣布实施“权力分离”的治国方针，尽管彼时的实权仍被德川幕府掌握在手中。《大日本帝国宪法》于 1889 年颁布，但其并不是议会起草的。实际上，它是由一个私人委员会起草的，该委员会借鉴了欧洲一些宪法制定了其中的条款。该宪法本质上是一种“授权宪法”，确定了帝国议会由两院构成：众议院和贵族院。缴纳一定数额税款的 25 岁以上的男性享有投票权，依照该规定仅有 1% 的公民拥有参政权。

封建制度在法律上被废除了。1869 年，四位较大的大名主将自己的领地以及其治下的居民上交给了天皇。剩余的小领主也陆续上交自己的财产。法律“规定”人人平等，这样旧日的社会等级制度就从纸上消失了，但农民和贵族间明显的深刻分歧仍旧难以消弭，甚至不可调和。不过，一些历史遗留的陋习还是渐渐地消失了：它们已然与正在走向现代化的日本格格不入。尤其法律废止了那些用于逼供的严刑峻法，允许不同阶层的人通婚，并严格禁止儿童买卖等。

日本首届政府制定的目标之一是运用现代化的架构来重组军队，使其拥有与世界大国抗衡的力量。在此过程中，义务兵役制得到实行。日本人以法国和普鲁士军队为榜样来训练自己的新军。随后，政府想促进竞争型工业经济的发展，而这个进程发展之迅猛令人咂舌：1869 年，该国开始推广电报通信；两年之后的 1871 年，邮政系统开始运作，一年之后，连接东京和横滨的铁路开始投入使用。很快，纺织业和钢铁业在全国兴起，造船业也开始大规模发展。

随着日本现代化进程的加快，将市场扩展到其他国家的需求变得迫在眉睫。国内市场无法再消化日益增长的供应量。日本首先把目光转向了临近的朝鲜半岛，彼时后者正被中国控制。然而，因为日本人口过剩，多年以来，古老的朝鲜王国一直是众多日本人移民的目的地，并且移民与原住民间的冲突从未间断。与中国的利益冲突很快引发了第一次中日战争，这场战争将日本推上了世界的舞台，并强化了该国的民族意识。

民主的进步需要现代化进程的不断发展加以支持，而在许多外国势力的眼中，民主的倒退则源自国家内部民族主义的压力。

中国和鸦片战争

17 世纪中叶，满族人占领北京并建立了大清帝国。在统治了长达两个世纪之后，清朝显现出了一些模糊的现代化迹象。尽管帝国实行中央集权，但朝廷的实际权力

鸦片战争：一场为掠夺无尽资源和财富而发动的战争

以英国为首的西方列强为打开中国市场，对中国造成的威压引发了两场围绕着非法鸦片贸易的战争（1839—1842 年以及 1856—1860 年）。在这种背景下，毒品泛滥的中国输掉了战争。

因为鸦片本身具有药用价值和娱乐价值，所以该毒品在中国的消费由来已久。曾经只有上层阶级才有经济能力吸食鸦片，但随着其价格变得容易承受，该毒品渐渐地成为了中层阶级社交圈中的一个元素，随后，大众阶层为了减轻饥饿感或是消除疲惫感也开始吸食鸦片。英国人在这种毒品中看到了商机：他们企图好好对其加以利用以交换那些珍贵的诸如茶叶、丝绸、珐琅及陶器等中国商品。因为中国人本身对欧洲商品兴趣不大，他们便可以哄抬鸦片价格以平衡贸易逆差。于是，英国人联系了鸦片商人以便将大量的鸦片换成昂贵的中国商品。1839年，清朝为遏制这类非法的鸦片贸易而采取的措施引发了第一次鸦片战争。

右图 一幅创作于1843年的英国版画，描绘了第一次鸦片战争前夕中英间的穿鼻之战。

左图 三支中国人用来吸食鸦片的象牙烟斗。

却相对单薄，同时国防能力也偏弱。四个到五个负责国家机要的大臣长期居住在京城，皇帝享有绝对的专权。

国家被划分为 18 个省，每个省由一位最高行政长官管辖。由于当时的通信手段十分低下，地域幅员辽阔，各省市都享有很大的自治权。清军共有 30 万人，其中的三分之一长期驻守北京及其周边。除了这些兵力之外，每个省还有其相应的部队，因此，彼时帝国的总兵力高达 40 余万人。然而，不论是正规军还是地方部队，都没有足够的力量来抵御外敌的入侵。彼时中国 90% 的人口都是拥有少量民田的农民，他们聚集在一起进行群体性的耕种、灌溉及收割活动。有一类贵族很难用欧洲或是日本

所熟知的“封建主”来形容，他们更像是“与土地无法分割”的土地所有者。这类在高官和平民之间分化出的精英阶层往往居住在戒备森严的高墙之内。他们主要分为两种：一种是第一位满族皇帝努尔哈赤的后代，另一种是因为功绩由皇帝加爵的文官或武官。

彼时的中国拒绝向外部开放。因为统治阶级坚信中国是世界的中心，所以他们自然认为没有与外界建立任何联系的必要。然而，自 13 世纪马可·波罗首航以来，大多数欧洲国家都对中国的丝绸、珐琅、家具以及绘画作品产生了极大的兴趣。

欧洲人的“商业兴趣”在 19 世纪日益浓厚，一些英国人更是决心控制中国市场。但作为回应，中国人拒绝向西方商品开放市场。出于文化原因，中国人对这些西方商品并不感冒，而且它们对中国人来说也并不是不可取代的。由于无法平衡贸易逆差，英国被迫用硬通货也就是用货币购买中国商品。因此，与中国进行商业交易意味着英国在经济上必须承担贵金属的损耗。为了扭转这个局面，同时也因为鸦片在中国的销路很好，英国人开始向中国出口印度种植的鸦片来支付货款。清政府对毒品消费量的激增感到震惊，于是试图通过实行一系列的禁止措施来限制鸦片的进口。但鸦片仍旧经由定居在广东港的英美商人之手流入中国。清政府随后加强了针对这一非法贸易的措施，并于1834年任命了一位钦差大臣。该大臣将收缴上来的数千箱鸦片扔入海中。这一事件足以让英国考虑是否要直接掠夺或发动敌对行动。

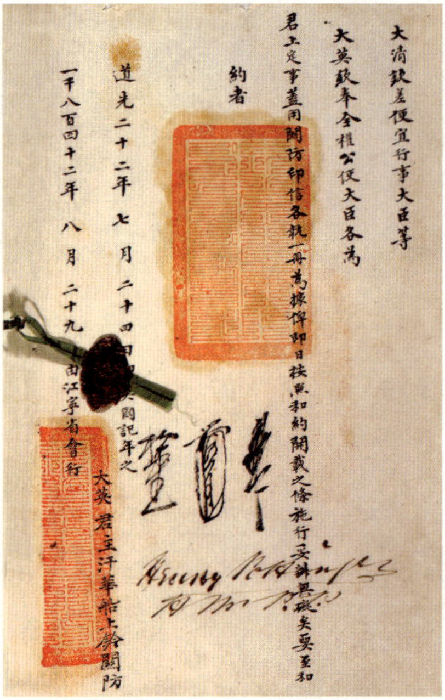

《南京条约》

该条约于1842年8月29日签署，为中英第一次鸦片战争画上了休止符。对中国人而言，这份条约是他们签署的第一份“不平等条约”。

英国人向中国发动了战争，同时为了继续在中国销售来自印度的鸦片，他们更是采取行动加速了本已千疮百孔的大清帝国的式微。英国在第一次鸦片战争中获胜，并于1843年与中国签下了《南京条约》。该条约显然没有提到鸦片贸易，但英国却设法获得了加倍的赔偿：广州和其他四个中国港口必须开放以便英国进行贸易通商。无论对印度还是英国而言，这些贸易所能带来的利益之巨大是其政府无论如何都不想放弃的。

1856年—1860年爆发的第二次鸦片战争进一步地打开了中国市场。战争的导火索是“亚罗号事件”。“亚罗号”是一艘在香港注册的英国船只，因疑似携带违禁品而遭到了中国水师的袭击。英国人随后袭击了广州附近的军事要塞，并纵火烧毁了皇家园林颐和园。英国再一次挥舞着“贸易自由”和“尊重国际法”的旗帜，试图证明其对中国的经济渗透以建立商业垄断是“合情合理”的。

大清帝国的式微

19世纪下半叶，西方列强都纷纷在中国强调其存在感：显而易见，英国试图在中国保留其来之不易的商业权威；俄国也在铁路建设中宣扬了自己的国力；法国人则在东京[28]建立了一个据点并占领了周围的土地；日本则流露出其扩张和征服的意图。

除去外部压力，大清帝国对内还要面对一系列的人民起义，其中最为著名的便是“太平天国运动”。太平天国的前身是一个宗教组织，教派奉行强烈的宗教融合主义并且吸纳了很多基督教徒。但是，西方列强更愿意从一个软弱的政府手中夺取利益，故而帮助清政府平息了这场叛乱。

大清皇帝仅在理论上拥有朝鲜半岛的统治权。1876年，日本帝国和朝鲜王朝签订了《江华条约》，根据该条约，朝鲜需开放三个港口以进行贸易通商。该条约还规定日本法律对居住在朝鲜的日本公民同样有效。1884年，通商口岸成了日本向中国挑起武装冲突的伏笔，一年之后，两国达成协议[29]并同意从朝鲜半岛撤军。十年后的1894年，中国对朝鲜的内政干预成为日本出兵讨伐的借口。中国随之发动了抗日战争[30]，在战争中，倚仗着明治维新所带来的现代化改造，日军的优势十分明显。最终日军获胜，清朝不得已签署了《马关条约》。该条约承认朝鲜的独立，并将中国的一部分领土割让给了日本。日本在亚洲大陆上的新地位让俄国深感担忧：俄国在旅顺港的海军基地实际上临近辽东半岛。在法国和德国的支持下，俄国强迫日本人归还了辽东半岛。

所有这些政治或是军事事件都暗示了彼时的中国必须进行重大改革。显然，引

[28] 东京（Tonkin）：是中南半岛的一个历史地名，位于今日越南北部。——译者注
[29] 即《中日天津条约》。——译者注
[30] 即中日甲午战争。——译者注

领这个无论在军事上或行政上都拒绝创新且已经僵化的国家走上现代化的道路已经迫在眉睫。然而，慈禧太后很快就扼杀了一切谨小慎微的试探。事与愿违的是，维新运动反而助长了她的仇外主义情绪，具体体现在她支持彼时在中国北方声势浩大的义和团运动。该运动的主体义和团是一个具有政治和宗教性质的民间组织，其起源可以追溯到 19 世纪初。

在中国，越来越多的民众对西方的经济入侵以及传教士的到来表示反感。1900 年，8000 名士兵加入了义和团，并杀死了众多外国宗教人士和一些皈依外教的中国人，捣毁了传教团，破坏了电缆、电报电缆以及铁轨。试图抗议的德国大使也被杀了。慈禧太后下达了最后通牒，要求所有的外国人离开中国国土。西方列强拒绝了

第一次中日战争

这幅由歌川国政[31]于 1894 年创作的浮世绘版画描绘了 1894 年 9 月 15 日对平壤发动袭击前的日本军队。对朝鲜半岛控制权的争夺是此次战争的主题。最终，清朝因失去了朝鲜这个附属国而面临着巨大的危机：其结果便是君主制的终结和 1911 年共和国的建立。

[31] 歌川国政（1773—1810 年）：日本浮世绘画家，根据年份不可能是该画作者，疑原文有误。该画原作者不详。——译者注

慈禧太后：中国的“铁娘子”

慈禧太后带领着大清帝国做出了闭关锁国的最后尝试。慈禧生于1835年，是咸丰皇帝的众多嫔妃之一。咸丰皇帝于1861年驾崩，享年31岁。年仅5岁的其子同治皇帝即位后，慈禧立即代其摄政。咸丰皇帝的另一位嫔妃即后来的慈安太后也与她一同垂帘听政。同治皇帝于1875年惨死后，慈禧太后再次摄政。这一次她辅佐的是她不足两岁的侄子光绪皇帝。实际上，尤其自1881年慈安太后驾崩（死因极可能是中毒）之后，慈禧太后便成为了大清真正的绝对统治者。慈禧政府以完全抗拒西方和捍卫清朝帝国传统而闻名。慈禧太后于1908年逝于北京。

右图　慈禧像，由荷兰画家胡博·华士创作（收藏于哈佛艺术博物馆），史上第一位为慈禧画肖像画的西方男性画家。

①行宫　北京颐和园是由乾隆皇帝于1755年建造的。

②重建　1860年，颐和园在第二次鸦片战争中被英法联军摧毁。

③石舫[32]　由昆明湖的大理石和木材所搭建，其外形模仿了河上的行舟，是慈禧太后最喜欢的景点。

[32] 即颐和园清晏舫。——译者注

义和团运动：不仅仅是宗教冲突

在以慈禧为代表的朝廷势力的暗中支持下，义和团于 1900 年起义以抗议西方（尤其是发动了两次鸦片战争的西方列强和西化的日本）对中国的干预。

1898年，在中国北部的山东省，一个秘密的爱国团体诞生了。该团体的创始人希望阻止外国尤其是西方国家对中国进行的政治、军事以及宗教干预。这个团体就是“义和团”，字面含义为“代表正义与团结的民兵联盟”。该团体主要由武术造诣可以媲美英国人所谓的“拳击手”[33]的农民和工人所组成。义和团运动迅速风靡全国。该运动主要针对基督教传教士以及被视为汉奸的皈依基督教的中国人。面对该运动，慈禧太后扮演了一个表面模棱两可但实则暗中运筹帷幄的角色：她从未公开支持叛乱分子，但她最坚定的拥护者之一御前大臣载漪也就是端亲王一直主张利用义和团。最严重的一次事件发生于1900年6月，义和团在端亲王军队的支持下包围了位于北京的一处外国使团所在地。后者持续抵抗直到同年8月八国联军进京。叛乱最终被镇压而皇室也被迫逃往西安。

插图　一张拍摄于1900年的大理寺审问义和团团员的照片。

[33] 义和团：义和团的英文是“The Boxers”，首字母小写后也有“拳击手”的意思。——译者注

她的要求并立刻展开了敌对行动。八国联军向北京开拔，慈禧太后不得已弃城而逃。战败对中国造成的创伤是灾难性的：战后，中国不得不向侵略者支付巨额赔款。义和团运动被认为是 20 世纪革命运动或者是 1911 年辛亥革命的前身。最终，“中华民国”于 1912 年建立。

亚洲革命

19 世纪在亚洲大陆爆发的一系列革命可视作该大陆各国对西方殖民主义、新政府结构的产生及其所带来的新商业模式所做出的反应，同时也可以将上述革命的爆发归因于由新意识形态（基督教的逐渐渗透尤其影响了该意识形态的形成）所产生的种族及文化差异。还需要注意的是，整个 19 世纪人口的增加和经济不平等现象的加剧都在激化社会矛盾。

所有上述因素的结合产生了爆炸性的化学反应：频繁而又暴力的社会起义。这些起义试图通过发动行政改革、肃清官僚作风（通常表现为税收制度的不明朗）以及组建有抵御西方强敌能力的现代化军队，来重新定义亚洲各国的政府内部结构。

受到俄罗斯和英国极大压迫的波斯于 1848 年爆发了起义，巴哈伊信仰随之逐渐兴起。一些起义人员曾是在新电报系统中工作的工人或是雇员：他们见证并理解了现代化所意味的一切，并希望自己的国家也能如法炮制。日益强大的奥地利和俄罗斯对奥斯曼帝国施加的影响，导致该国重组的同时也使得人们有机会开始重新思考穆斯林和基督教徒之间的关系。

在中国，针对日渐式微的大清帝国的太平天国运动，有着太多西方文明的影子：该运动的领袖洪秀全曾向基督传教士学习并且经常引用《圣经》中的经文。他的去世和西方的干预最终为叛乱画上了句号。此外，在 19 世纪，面对西方势在必行的入侵，诸位清朝的当权者都不约而同地表示了对外国基督教徒的反感。旷日持久且强烈的反基督教情绪最终引发了义和团运动。

印度则远不及中国：该国不可避免地遭受了欧洲人的经济及政治干预。然而，强大的东印度公司（本质是统治印度的贸易公司）意识到让印度人自行管理会使得统治的成本更低的同时，也能使得统治本身更为高效。东印度公司的领导人相信，通过拥护印度的最高统治者（印度大君）以及保护土地所有者和牧师，会使该公司更容易被印度民众所接受。然而，印度民族起义还是在 1857 年爆发了，该起义旨在改善低微的薪资水平、恶劣的工作环境以及普遍被压榨的生存状态。新一轮的土地征用和为军队改革所实施的大量举措，以及英国人对印度民风民俗的忽视，在 1857 年—1859 年引发了大规模的叛乱。在政治方面，上述冲突外加土地所有权新模式的出现，双方在森林和田地管理上的持续冲突以及税收制度的不平等进一步加剧了当地局势的恶化。叛乱最终被镇压，并且英国皇室直接接管了该国。

如同波斯和爪哇王国，宗教差异和爱国主义在中国和印度，抑或是在亚洲所爆发的其他起义中起到了至关重要的作用。如果说上述的所有起义都不能被定义为最初的民族主义起义，那么在广义上我们可以将其认为是人民和国家和解的手段。因此，1857 年反叛的内因既不是印度教也不是基督教，而是仅仅单纯地源自当地居民对基督教徒的敌视。无论那些教徒是印度人、葡属印度人还是欧洲人，我们都可以将他们视为远离印度土著并享受当局特殊待遇的特权阶层。在印度尼西亚，我们也可以看到类似的情况：于 1825 年—1830 年爆发的针对荷兰军事行动的爪哇民族起义，标志着伊斯兰教的回归，尽管实际上这场革命以失败告终，并且引起的反响相对较弱。

此外，19 世纪中叶的亚洲危机暴露了该地区社会或是农村的经济问题。在中国，人口的增加加重了中国（尤其是南部）的农业资源的压力。国内的人口流动普遍降低了生活水平，并且外来人员与原住民间的冲突不断。人口流动所带来的问题同样也困扰着印度。在该国北部占主导地位的农民数量因为个体所能缴纳的税款不断减少而逐渐增加。在印度北部的一些城市，因为贫穷的当地手工业者的

商品竞争不过英国制造的商品，所以抗议的声音从未间断。有时候，这些抗议披着伊斯兰起义的外衣出现。

印度民族起义

大多数发生在亚洲的叛乱是针对西方的，同时也是十分血腥的。

插图 这幅创作于1857年的版画描绘了一个英国士兵及其家眷正在被印度兵杀害的场景。于1857年爆发的印度民族起义，始于东印度公司内部印度兵的军事哗变，随后起义迅速扩散到了殖民地北部。东印度公司于1858年被解散后，英国人随即对殖民地的行政体制进行了重组，由此，英属印度诞生。

充满暴力的殖民

殖民的进程往往充斥着外来者和原住民的暴力冲突。这幅油画由乔治·W. 乔伊（George W. Joy）于 1893 年创作，描绘了查理·乔治·戈登（Charles George Gordon）在喀土穆死于埃尔·马赫蒂（El Mahdi）起义军围攻的前一幕。

插图（右侧） 在这只来自贝宁的象牙盒子上，我们可以看见两位正在苦战的葡萄牙士兵以及一条龙（收藏于费城宾夕法尼亚大学考古与人类学博物馆）。

殖民扩张

维也纳会议（1814—1815 年）与柏林会议（1884 年）间的这段时期，欧洲列强纷纷向外扩张。资本主义经济的发展迫切地需要更多的人力和原材料的支持，因此，控制那些忽视现代化的国家成为一个很好的选择。欧洲各国的扩张引发了残酷的殖民战争并最终导致了一场争夺世界霸权的全球之战。

19 世纪的西方史被一种复杂的罪恶感贯穿始终。其原因是整个 19 世纪，西方列强的殖民扩张行为不断地对非洲、亚洲以及大洋洲的人民造成负面影响。19 世纪的欧洲人认为，人类文明仅仅在西方才得到了发展，而世界其他地方的文明则远落后于西方：无非是史前文明或者是正处于野蛮时代。因此，他们确信白种人要远远优于那些所谓的“劣等种族”。欧洲人还认为，殖民行为是他们必须对落后种族履行的一种义务：后者必须从半原始的状态中“解放”出来。英国帝国主义的拥护者、作家约瑟夫·备德亚德通过他的小说和诗歌表达了上述情感。

可以肯定的是，殖民时期的原住民遭受了严重的虐待，而被殖民国家的财富也遭到了掠夺。但一些积极的影响却也与这些暴行并行：殖民化不仅促进了被殖民地科技的发展，也带来了医疗卫生的进步，同时，殖民化在教育尤其是儿童教育方面、建立通信网络方面也贡献良多，一些西方现代科技成果也得以被引入这些落后地区。不过，归根结底，被殖民国还是反感这些外来者。20世纪非殖民化进程开始之初，前殖民地的人们对白人离开时留下的西方产物感到既困惑又费解。这些新独立国家的发展进程缓慢而艰难。

正如列宁在他的著作《帝国主义是资本主义的最高阶段》（1916年）中所断言的，当代史学也承认不能只从经济学的角度对殖民扩张行为进行归因。不过，在该著作中，该俄国革命者仍将殖民现象归因于工业化程度最高的欧洲国家新经济力量的兴起。

现在的历史学家们知道，并不是所有的殖民地都能带来想象中的巨大收益，甚至有时候维持一些大城市的有序运转所需的开销更为可观。为了更好地理解欧洲的扩张主义，我们在必须考虑经济因素的同时，也应当从国际声誉方面以及源于主要殖民方案的战略方针方面做出思考。19世纪，由于没有国际性组织来监管和控制越境扩张，欧洲列强不断地对以非洲和东方为代表的欧洲以外的地区施加压力。

探险家和传教士

尽管殖民扩张是欧洲列强发起的国家行为，但十分神奇的是新土地的发现往往是由个人或者是非政府团体主导的。例如，法籍意大利人皮埃尔·萨沃尼昂·德·布拉柴于1879年把刚果收入了法国的殖民地名单：这位探险家私人出资探索并发现了刚果后，成功说服法国政府将该地收入囊中。这一行动的确需要分秒必争以打消利奥波德二世的企图心：比利时也想夺取刚果并使后者成为其殖民地。

彼时，在埃及治下的苏丹省也发生了同样的情况，苏丹省于1884年成为了英国的保护国。英国雇佣军查理·乔治·戈登将军曾出任埃及总督，并组织平息由苏丹苦行僧发起的伊斯兰原教旨主义革命。在喀土穆被叛军包围时，戈登向英国求助希望能得到救援。英国首相格莱斯顿随即派遣军队救援但仍旧无济于事：戈登为保卫喀土穆战死。英国在征服苏丹后决定将其定为殖民地。

另外一个类似的故事发生在法国探险家帕尔费·路易·蒙泰依身上。他于1890年动身前往廷巴克图[34]。当他被图阿格雷人包围时，法国不得不派出两支特遣队对其实施营救，随后法国人长驱直入并统治了该地。

类似的殖民案例不胜枚举。不过，也有很多更有组织性、商业性（比如皇家尼日尔公司、不列颠东非公司以及不列颠南非公司）、战略性也更有军事目标的殖民案例。最终，非洲被欧洲列强蚕食并沦为欧洲的殖民地。

基督教传教士同样在欧洲的殖民扩张的进程中扮演了重要的角色。英国和外国圣经工会的创始人、长老会牧师约翰·坎贝尔（1776—1840年）就是其中的先驱之一。1812年，他离开开普敦并向着非洲的深处进发，在经过漫长的跋涉后他到达了利塔昆(位于南非)。坎贝尔认为该地是一个通过布道和教化来宣扬和平的理想场所。但是他的梦想却被现实无情地击碎了：他于几年后的1819年开启了他的第二次远征，并在其过程中意识到破坏整个欧洲大陆的地方性战争的再次爆发会摧毁掉先前他含辛茹苦建立起来的一切。这位英国宗教人士之后把他的经历写进了《南非游记》（*Travels in South Africa*）。

苏格兰传教士戴维·利文斯通（1813—1873年）当之无愧是所有探险家中较出名的一个。在伦敦传教会的指派下，他开始了自己的第一次非洲探险之旅。此后，在英国政府的支持下，他作为“为贸易和基督传教铺路”的探险家多次回到非洲。利文斯通发现了连接中非和东海岸的主要奴隶贩运路线。他顺着位于赞比亚最终注入印度洋的赞比西河跋涉，在河流中段发现并以英国女王的名字命名了维多利亚瀑布。因为该瀑布的水流从100余米的高度落下后能产生巨大的烟雾，且流水坠落的声音能传播到100千米之外，所以当地人称其为“像雷霆般轰轰作响的烟雾”。但利文斯通在探寻尼罗河的源头期间似乎从人间蒸发了。在利文斯通杳无音讯了数年之后，一位移民美国的威尔士记者（同时也是探险家）亨利·莫顿·斯坦利（1841—1904年）被派至非洲寻找其下落。

[34] 廷巴克图：即今通布图，廷巴克图为旧称。——译者注

探险家、传教士、商人和士兵

世界地图上最后的留白终于从 19 世纪开始被慢慢勾勒出细节：出于对自然的兴趣以及对福音传教的渴望，或是出于简单的科学爱好和冒险精神，欧洲人开始探索非洲的腹地。

皮埃尔·萨沃尼昂·德·布拉柴 他探索了法属刚果并将其首都命名为布拉柴维尔（也是今刚果共和国的首都名）。

上图 由纳达尔拍摄。

以英国传教士为代表的布道者是第一批进入非洲探索的欧洲人。他们逐渐向着非洲大陆的腹地深入，尽管有时与探险者同行，但他们的最终信念仍旧是布道。其中最为著名的便是传教士苏格兰人戴维·利文斯通。他于1851 年—1856 年从东往西跋涉，是第一个欣赏到维多利亚大瀑布（他以英国女王的名字为其命名）的欧洲人。几年之后的一次探险把他带到了尼罗河的源头，该地曾是理查德·弗朗西斯·伯顿和约翰·汉宁·斯皮克[35]的探险目标之一。蒙戈·帕克于 1795 年探索尼日尔，他是较早进入这片土地的欧洲人之一。但是，19 世纪才是探索非洲的黄金年代：用于预防疟疾（一种通过蚊子传播并在当时的欧洲人间肆虐的疾病）的药物奎宁为探险活动注入了新的活力。其中大部分的探险活动是由像戴维·利文斯通一样的传教士进行的。大量原材料和矿产资源的发现将为日后的殖民扩张行动铺平道路。

左图 来自 19 世纪隆戈王国（靠近刚果入海口）的一种由象牙雕刻的类似拒马的防御工事。

[35] 约翰·汉宁·斯皮克（1827—1864 年），搜索到尼罗河源头的欧洲第一人。——译者注

亨利·莫顿·斯坦利 他因于1871年寻找戴维·利文斯通而闻名。该图为他在非洲与其助手卡鲁鲁的合照。该探险家也探索了刚果河。

戴维·利文斯通 自1841年抵达非洲起，他便在这片土地上生活直至1873年去世。他总共领导了三次探险。他的探索不仅为欧洲开辟了新的通路，也为非洲原住民带来了新的知识。

未开发大陆的宝藏

在 19 世纪初，非洲的内部对欧洲人来说仍旧是个谜——直到探险队的到来后最终发现非洲的宝藏并不仅仅有奴隶。

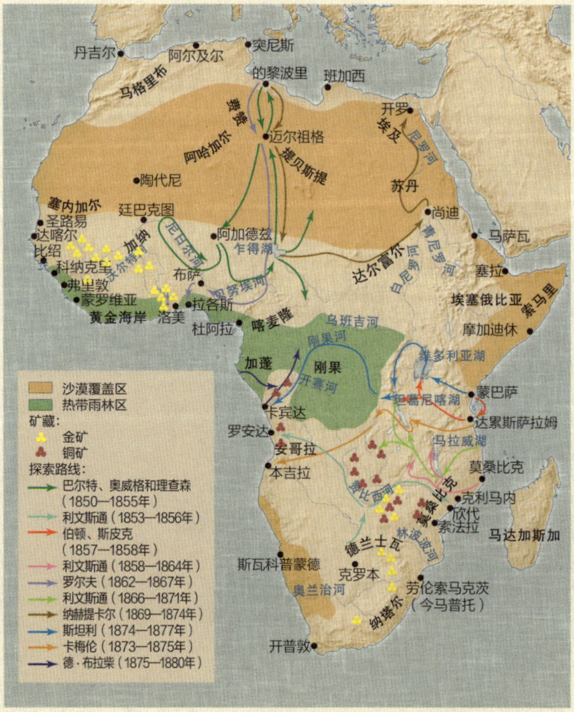

数个世纪以来，欧洲人都为自己能够通过其沿海营地发动几场简单的奇袭而抵达撒哈拉沙漠以南的非洲而沾沾自喜。人们认为，出于原住民敌对情绪严重、气候条件极端以及疾病肆虐等多重原因，该大陆几乎难以渗透。但随着 18 世纪末以科学和贸易为名义的非洲探索组织非洲协会在伦敦的建立，一切都发生了变化。随着非洲大陆的潟湖渐渐浮现在眼前，军人、商人、传教士和探险家们纷纷前赴后继地为日后的殖民扩张开辟道路。于 1879 年爆发的英国和祖鲁之间的战争[36]标志着欧洲人在非洲的殖民扩张活动进入了新的阶段。1884—1885 年召开的柏林会议，将新阶段的殖民扩张活动推向白热化：通过商议，欧洲各国得以进一步瓜分非洲大陆。

1871 年，斯坦利最终在坦噶尼喀湖附近找到了利文斯通。斯坦利说出了那句著名的话：“我想你就是利文斯通博士？”这句话也恰恰反映出了当时这些冒险先驱的沉着与气魄。但当时的利文斯通已经重病缠身并拒绝返回祖国。之后他死于痢疾，英国海军护送他的遗体回到了伦敦。利文斯通以民族英雄的身份被葬于威斯敏斯特圣彼得协和教堂。

[36] 即祖鲁战争。——译者注

19 世纪下半叶，大量天主教传教士前往非洲。不同于圣公会教徒或是长老会教徒的探险，只是出于对科学或地理的新发现的兴趣，这些天主教传教士大多是在其宗教信仰的感召下才来到这片土地的。

由法兰西第三帝国派遣至全球五大洲的传教团，占据了当时传教团总数的三分之一，而且表现得都十分活跃。他们分散至全球各处，尤其是近东和远东。1869 年，红衣主教夏乐 · 马夏尔 · 阿勒芒 · 拉维热里（1825—1892 年）在阿尔及利亚成立了非洲传教士协会。因其中的传教士身着白色长衣，所以该协会随后很快被人们称为“白衣神父”。

该协会于 1875 年获得了突尼斯的支持，并将后者变成了一个宗教保护国，不过这个宗教保护国很快便成了法国的政治保护国。余下的法国传教团追随着冒险者或探险家的脚步深入非洲腹地的同时，也建立了学校和诊所。奥古斯特 · 阿谢特是较为著名的“白衣神父”之一：他在阿尔及利亚和耶路撒冷生活了几年，学会了阿拉伯语之后，被派往了乌干达。在该地，他的大量布道工作十分有效地感召了当地人皈依天主教；他用斯西瓦里语编纂了基督教教理书，同时将《新约》翻译成了该语言。比利时传教士从 1878 年开始在刚果开始了他们的布道活动。

传教团的工作地点并不仅仅局限于非洲。他们传播福音、普及教育以及促进社会发展的活动同时也遍及其他大陆。1832 年，英国议会为大英帝国治下的原住民成立了一个委员会。该委员会在太平洋地区的澳大利亚和新西兰取得了显著成就。法国传教士在印度支那和东南亚其他国家也异常活跃。

传教士们相信，通过宣扬基督教教义和普及西方礼仪，他们就能够彻底消除土著宗教仪式、食人风俗、人类献祭以及地方部落战争。奴隶贩运也是他们需要应对的问题之一。他们的目标有时候能实现，但往往需要付出巨大的代价。欧洲生活方式的引入和部落风俗的消失，致使大部分年轻人难以适应，从而沦为了白人控制地区的农民、手工业者或是仆人。道德标准的骤变和外来者蛮横的态度，也将原住民引上了酗酒和违法犯罪的道路——监狱渐渐被原住民填满，欧洲殖民者心中的种族主义蠢蠢欲动。

大英帝国主义

18 世纪下半叶，新大陆上的殖民地纷纷独立——它们就是美国的前身——英国人不得不随之改变他们的帝国主义策略。从那时起，他们主要对中国和印度进行干预，同时他们也扩大了其在缅甸的管辖权，并于 1819 年收购了新加坡的港口，这使他们能够前往马来西亚从而控制远东的航线。

凭借着对海洋的统治力——正如著名的英国爱国主义歌曲所唱的那样："英国统治海洋。"——英国得以征服一系列的战略要地：亚丁（1839 年）、香港（1842 年）以及婆罗洲北部的纳闽（1846 年）。得益于直布罗陀、埃及、马耳他和塞浦路斯的飞地，英国还控制了穿过苏伊士运河的地中海新航线。英国穿过印度洋和桑给巴尔完成了在西非的部署，接下来是乌干达和大裂谷，这样一来，英国成功地将非洲大陆上从北至南的殖民地联系在了一起。除了在东非的领土之外，英国还在美洲以及大洋洲拥有一部分的领土：加拿大、澳大利亚和新西兰的大部分主要欧洲殖民地都是英国的财产，并且这些殖民地在 19 世纪末都会沦为英国的保护国（享有政治和经济的自治权）。所有的这些领地不日之后便会组成英联邦。

统治世界

这幅讽刺漫画生动地描绘了英国军队和耶稣教会争夺非洲控制权的场面。

至此，大英帝国的总面积几乎达到了地球陆地总面积的四分之一。英国通过不断吞并其他大陆上的"新财产"，巧妙地使自己从面对美国十三殖民地（未来的美国）时的溃败中恢复过来。因此，19 世纪末的大英帝国是一个前所未有的超级帝国。

印度是英国皇室的明珠。英国在印度次大陆的存在可以追溯到 17 世纪，当时东印度公司已经在英国皇室的支持下开始活跃。印度兵的起义被英军镇压，随后印度顺理成章地成为英国的财产。英国首相本杰明·迪斯雷利成功地将维多利亚女王扶为印度女皇，而印度这片广袤的土地由英国议会直接管辖。

一段时间之后，印度的相关事务落到了印度国务卿的身上。在这个遥远的殖民地上，总督依旧是英方代表，不过却换了称呼——“副王”（法文“Vice-roi”，也翻译为总督），由英国军方和官员负责其所有行政工作。

印度殖民地繁荣发展，新的文化机构得以建立，而交通网络也得以逐渐完善。因此，到了19世纪末，印度次大陆上共有总长度为39000千米的铁道。英国的存在使得这个“马赛克国家”有了更强的凝聚力，因为在印度有600多个公国、200多种语言以及8种不同的宗教共存。种族多样性通常是紧张局势和敌对行为出现的主要成因。印度将巴基斯坦、孟加拉国和尼泊尔的所有现有州都联合了起

殖民地上的对峙

殖民活动激化了欧洲列强间的矛盾。

插图 这幅于1898年11月20日发表于法国刊物《小日报》的讽刺漫画《小红帽》描绘了“法绍达事件”，在该画中，法国被具象为“小红帽”，而英国则是“狼外婆”。这场英法远征军于尼罗河沿岸法绍达（今苏丹南部）的交火，引发了第一场争夺尼罗河盆地控制权的政治冲突。

殖民扩张年表

1839—1860年

鸦片战争 英国获胜并占领香港。

1877年

印度女皇 1月1日，维多利亚正式加冕为印度女皇，她将保有该头衔直至其去世。

1880—1881年

布尔战争 英国和荷兰殖民者对南非控制权的争夺导致了第一次布尔战争。第二次布尔战争发生于1899年—1902年。

1882年

埃及 英国占领了埃及以控制苏伊士运河，后者于1888年成为了英国保护下的中立区。

1884—1885年

柏林会议 在俾斯麦的提议下，14个国家共同制定了瓜分非洲的规则。

1885年

比属刚果 比利时国王利奥波德二世将刚果自由邦视为其私人财产并一直系统性地榨取该地资源。

19 世纪的英国扩张

在维多利亚女王漫长的统治时期，也是英国有史以来向外扩张最为猛烈的时期，英国最终成为所有大洲史上最大的帝国。

英国扩张行为的目的是为其手工制品寻找新的原材料以及市场。尽管18世纪末美国的独立战争导致英国殖民地的大幅度丧失，但是到了19世纪下半叶，英国相较欧洲其他国家在全球殖民化方面却是遥遥领先的。当法国和普鲁士之间冲突不断的时候，英国之所以能够明哲保身，是因为其强悍的海上地位，使其对大陆事务丝毫不感兴趣。通过对不同占领方式的交替使用（从直接征服到使殖民地成为保护国），20世纪末的大英帝国拥有了3300万平方千米的土地以及4.2亿居民。

来——这是一个榜样，向人们展示了两种截然不同的文明如何共存。

在苏伊士运河于 1869 年开通之后不久，英国依靠着法国的力量在埃及扎根并继续展开其对非洲的统治。苏伊士运河在与亚洲大陆进行沟通方面有着重要的意义。因此，在伊斯梅尔帕夏被废黜之后，英国立即接管了他手上的大部分事务。随后，埃及成了英国的保护国。

克罗莫伯爵于 1883 年被任命为开罗总领事兼全权大使，并且他为该国的现代化以及高效行政管理的发展做出了很大贡献。英国人随后占领了苏丹、索马里、肯尼亚和桑给巴尔。英国人的构想是建设一条连接开罗和开普敦的、横跨整个大陆的铁路，并以此为轴进行扩张。不过，该项目却与葡萄牙和法国的计划相冲突：前者希望吞并安哥拉和莫桑比克，而后者则希望将其在非洲的领土与印度洋连接起来。英法的冲突于 1898 年在尼罗河源头附近引发了著名的“法绍达事件”。这场严重的危机迫使法国人像葡萄牙人一样对英国做出让步。荷兰人自 1652 年起就在南非的好望角进行部署，不过，英国在拿破仑战争期间没收了荷兰人手中的土地，并迫使布尔人[37]在其治下生活。大英帝国于 1834 年废除了奴隶制，随后，大量的荷兰人向北部迁移，这就是著名的“牛车大迁徙”：10000 余名农民搬到了奥兰治河附近的土地上并建立了“橙色自由州”，而在瓦尔河的另一侧，荷兰人建立了德兰士瓦殖民地。另一批人在纳塔尔建立了自己的据点并在 1838 年的血河之战中对战祖鲁人。

但是，英国人想扩大自身在布尔人占领区的主权，因此于 1843 年吞并了纳塔尔。故而在 19 世纪中叶的南非土地上有两个英国殖民地：开普和纳塔尔，与之共存的还有两个荷兰共和国：德兰士瓦共和国和奥兰治自由邦。不过，随着 1867 年钻石在奥兰治河的发现和 1886 年黄金在德兰士瓦的发现，英国和荷兰之间井水不犯河水的平衡状态被打破了。英国人迅速成立了公司以便开采这些资源以及扩大领地。矿业大亨西塞尔·罗兹就是向该大陆南部扩张的英国殖民先驱中最为活跃的佼佼者。来自英国不断增加的压力引发了前者与祖鲁人的冲突，最终冲突于 1879 年升级成了一场残酷的战争。英军在乌伦迪之役中大败祖鲁人，战争最后以英国人的胜利收场。战争重新点燃了南非英国地区和荷兰地区之间的敌对情绪，并最终导致了布尔战争的爆发。第一次布尔战争发生在 1880 年—1881 年，而第二次布尔战争则在

从伦敦到香港

大英帝国的扩张主要基于其海上霸权。上图的这块徽章描绘了英国船只和中国船只同时出现在香港港口的场景。

[37] 原始的欧洲定居者。——译者注

英属印度：英国皇冠上的璀璨明珠

自从英国人于1858年歼灭了莫卧儿帝国的叛军残余（他们已经在1857年清除了印度北部的起义军）之后，印度便成为了英国皇室的财产。为了进一步强调所有权，英国首相本杰明·迪斯雷利于1876年5月通过了一项法令，即宣布从次年1月1日起维多利亚女王正式成为印度女皇。如同英国其他的海外领地一样，印度由一位总督管辖。这位总督从加尔各答发号施令，并致力于通过开设工厂、铺设铁路以及架设电报线来实现国家的现代化，而后把现代化过程中产生的丰富资源输送回英国。会说英语的中产阶级在印度出现了，他们对大城市的财富流失感到不满，这些声音继而引发了民族主义运动，并最终于1947年为印度争取到了独立。

维多利亚纪念堂 1906年，一座纪念维多利亚女王（逝世于5年前）的建筑物在加尔各答举行了奠基仪式。该城市是英属印度的行政首府。这座建筑由伦敦建筑师威廉·爱默生负责设计，白色大理石纪念碑以及运用文艺复兴时期风格都是这位建筑师的手笔。上图这座豪华建筑还融合了一些莫卧儿元素，总工程耗时15年。

象牙与狩猎 早在印度还由东印度公司管理的18世纪，狩猎一直是欧洲人在这个遥远国度的旅行过程中喜爱的活动之一。左图这件1795年的象牙雕塑的伞盖之下坐着的是几位英国军官。显而易见，象牙很受猎人甚至是总督的青睐。

英国融入印度社会

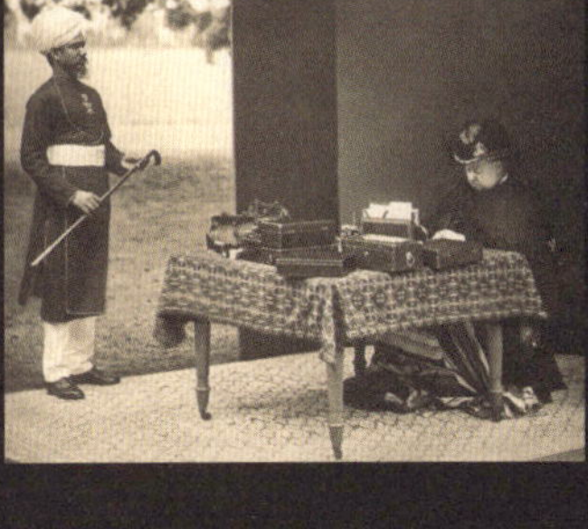

女王和印度原住民 1857年的叛乱使英国人和印度人之间的等级区分现象更加严重。后者被降级为次等公民，丝毫没有进入行政机构供职的可能性。该照片摄于温莎，希尔斯·桑德斯公司出品。

追猎老虎 印度总督乔治·纳撒尼尔·寇松（任期1899—1905年）与其妻子在纳康达附近捕杀了一只老虎后与其他猎人合影。该照片摄于1902年。

布尔战争（或是德兰士瓦战争）以及非洲金矿的发现

1884 年，柏林会议的举办目的是尽可能地避免欧洲殖民大国之间的冲突——比如四年前英国和荷兰殖民者在南非发生的冲突——不过，最终也没能阻止冲突的爆发。第二次布尔战争于 1899 年爆发，战争双方的敌意相较第一次更甚，并以英国的胜利而告终。

南非的荷兰血统白人农民被称为布尔人，他们一般是荷兰定居者的后裔，语言为南非荷兰语。布尔人从17世纪起便在开普地区安家了，不过英国的扩张迫使他们迁往北部。他们于19世纪上半叶成立了两个独立的共和国：奥兰治和德兰士瓦，并分别于1852年和1857年得到了英国的承认。但这两个地区的和平却没有持续很久。英国于1877年声称对德兰士瓦享有控制权并一举吞并了它。三年之后，布尔人起义并击败了英军。伦敦方面签署了和平协议，并再次承认该国的独立。不过，不久之后的1886年，该地区金矿的发现再次引来了英国人，成千上万的英国探险家接踵而至。不出所料，德兰士瓦再次成了风暴中心。布尔政府立即采取措施——尤其对采矿许可加以限制——但最终却给了伦敦政府进行军事干预的借口。1899年，战争再次爆发，尽管布尔人的第一波攻势获得了暂时的成功，但英国人还是取得了最终的胜利。英国人于1900年2月占领了奥兰治，又于同年6月占领了德兰士瓦。阵地战随之转变为游击战，并在1902年形成了一定的规模，但最终无法扭转既定的败局。

插图　照片中的英国战俘。摄于1900年12月13日诺艾提吉塔什战役结束后（第一次布尔战争期间）。

1889 年—1902 年持续。《韦里尼欣合约》（*traité de Vereeniging*）的签订为旷日持久的冲突画上了句号。及至 1910 年，这两个荷兰的共和国并入了南非联邦，后者就是今天的南非共和国。

法国的殖民扩张

法国在拿破仑战争期间失去了很大一部分旧日政权的积累，于是准备进行殖民扩张，这也为日后的波旁复辟奠定了基础。法国重新夺回了马提尼克岛、瓜德罗普、圣皮埃尔和密克隆、圭亚那、塞内加尔以及马达加斯加的贸易所。在查理十世的统治后期，法国计划进行一次远征并占领北非的阿尔及尔，后者自 16 世纪以来一直是巴巴里海盗的巢穴，地中海的船只一直深受其扰。维也纳议会就海盗问题曾通过了一项决议，但该决议从未被执行。尽管阿尔及利亚属于奥斯曼帝国，但前者的实际统治权却掌握在一位自称为王的海盗的手中。这位海盗王对法国的态度导致法国人想迅占领阿尔及尔，不过几天之后，法国七月革命爆发了。于是新上任的法国君主路易·菲利普一世重新下达了命令并急遣了一支远征军。法国占领阿尔及尔的过程及其缓慢，民族主义者阿德尔卡德（Abdelkader）的游击战术和顽强抵抗令法国军队头疼不已。法国于 1848 年完成了对整个阿尔及尔领土的占领，但直到 1879 年才真正控制整个阿尔及尔。法国人从 1840 年开始前往阿尔及尔定居，10 年之后的阿尔及尔已经有了超过 100000 名法国殖民。

在德国宰相俾斯麦和英国首相索尔兹伯里侯爵的许可下，法国将突尼斯视为下一个进行殖民扩张的目标，不过作为交换，英国方面要求其对塞浦路斯的占领权得到承认。不过，法国却遇到了来自意大利的阻力，因为后者的西西里岛靠近突尼斯。法国最终于 1881 年占领了突尼斯。

至于埃及方面，自伟大的穆罕默德·阿里帕夏（其与法国合作完成了苏伊士运河的开凿）于 1849 年逝世以来，法国便在当地拥有了无可争议的权威。然而，英国出于自己的利益考虑与埃及政府合作，并同意与后者共享管理权，这样一来，英国的金融投资以及英埃两国的股东都得到了保护。不过，法国也失去了在埃及的影响力。

自17世纪以来便可以在塞内加尔找到法国人踪迹,因为该国是奴隶贸易的起点。因为一位年轻的法国军官路易・法戴尔布（Louis Faidherbe），法国得以从1850年起真正对塞内加尔进行深入的探索。军事工程师法戴尔布于1854年被任命为塞内加尔总督。由于殖民经验丰富，法戴尔布着手组织贸易活动，并在面对伊斯兰领袖及军事领导人哈迪・乌玛・塔尔（el Hadj Oumar Tall）时表现出了非凡的抵抗力，后者在不喜欢欧洲人的当地土著中有相当高的威望。法戴尔布致力于将殖民地统一于自己的管理之下，同时也组建了一支土著军队，他还大力发展教育并主张废除奴隶制。

法国人同样也涉足西非的土地。因此，我们能在达荷美（今贝宁）、法属刚果（今刚果共和国或刚果-布拉柴维尔）以及今天的马里共和国、科特迪瓦共和国、布基纳法索共和国、尼日尔共和国，还有中非共和国中发现法国人的足迹。以上这些殖民地与法国之前已经占领的北部殖民地，外加毛里塔尼亚以及撒哈拉都连接在了一起。

已经在印度洋拥有了马达加斯加和索马里大部的法国想建立一条能够连接其西方殖民领地的通路，但是这个计划与英国的利益相冲突。在印度支那，法国殖民目的是便于贸易以及保护天主教传教士。法兰西皇帝拿破仑三世先前已经向远东派遣了远征军，不过后续的法兰西第三共和国则采取了更加积极的行动。法国总理茹费理出于殖民扩张的目的派遣了一支远征军，迫使中国承认自己的藩属国东京[38]和安南是法国在印度支那的保护国。

法国殖民帝国的殖民地在19世纪末已经遍布世界各地，并以非洲大陆上的法国殖民地占主导。整个非洲法国殖民地的面积高达800万平方千米，相当于法国国土面积的14倍。不过，在这些殖民地区，来自法国大城市的殖民者非常少。但是

[38] 今越南河内旧称，非日本东京。——译者注

法国的文化渗透——包括开办学校和提供物资支持——却在当地土著中留下了影响深远的烙印，并且让这些殖民地能够近距离地感受欧洲文明。

法国人计划拥立奥地利的马西米连诺一世为墨西哥皇帝以便对该国进行干预，但是这项计划却因马西米连诺一世于 1867 年被枪决而惨淡收场。不过，法国的本意是希望在墨西哥建立一个稳固的政权，外加开凿巴拿马运河的计划，都能证明前者希望让美洲各国与欧洲文明对接的政治愿景，因此，法国在墨西哥的政治行为可能兼具经济动机与人道主义动机。

北非

在整个非洲大陆上，针对殖民者而组织的反抗运动激增。法国远征军在阿尔及尔不得不与民族主义者的反抗军对峙了整整 15 年（1832—1847 年）。

插图 由奥古斯汀·赫基（Augustin Régis）于 1847 年创作的《阿德尔卡德之降》（收藏于尚蒂利孔戴博物馆）。阿德尔卡德在被囚禁于法国之后又满载荣耀地被释放了，后来他前往叙利亚定居直至去世，并受到了昔日敌人的尊敬。

刚果：比利时国王利奥波德二世的私人财产

从慈善到剥削——除了谋求财富外再无其他目的——刚果的殖民案例具有象征意义，我们能通过刚果的例子了解到欧洲殖民进程与非洲大陆之间的巨大矛盾。

比利时国王利奥波德二世于1876年创立了非洲国际协会，当时的办会目的是“终止这种可恶的贩运（奴隶贸易），这在我们所生活的时代是不幸的”。因此，他联系了亨利·莫顿·斯坦利，后者深入非洲腹地探险并了解了刚果的发展情况——这就是作为君主私有财产的刚果自由邦的前身。如果说利奥波德二世以他的人道主义信念引起了欧洲人的钦佩，那么他在其非洲保留地的唯一目的就是以最低的成本获得更多的橡胶和象牙。国王敦促他的官员：“必须让这些人民服从新的法律，没有什么比工作更崇高更有益了。”国王如愿以偿地看到了资源产量的增加，但是当地人必须像奴隶一样工作，并且截肢和处决也是常见的惩罚。国王的言行前后如此不一，因此批评的声音渐渐流出。1890年，非洲裔美国人乔治·W.威廉（George·W. Williams）谴责利奥波德二世是奴隶贩子，尽管后者通过有效的宣传运动成功地遏制了丑闻的传播，但那些对刚果正在发生的事情的声讨却没有因此消失：酷刑和大规模屠杀，村庄也被夷为平地等。作家约瑟夫·康拉德这样总结道：“对黑人系统性的虐待是行政的基础。”

右图　这张拍摄于1907年的照片展示了一种笞刑，鞭子能对受刑者造成致命伤害。

德国及其殖民地

俾斯麦宰相并不赞成殖民扩张政策，因为他想加强德国的内部实力并在欧洲大陆扩大德国的影响力。但是来自一些已经跃跃欲试的公司、想要扩大商业市场的德国投资者、想要布道的传教士以及想要将德国转变为世界级大国的爱国者的压力，最终迫使

利奥波德二世 利奥波德二世于1865年加冕，在任至1909年其去世。将自己的国家转化为一个帝国主义强国的愿望，促使利奥波德二世建立了刚果自由邦，凭着对后者的剥削他成了世界上较富有的人之一。但是他对刚果人民的虐待行为却迫使他于1908年将权力移交议会。

德国政府出台了殖民扩张的相关政策。

德国商人从 1878 年开始为建立庞大的海外帝国铺路。一家德国公司在南太平洋的萨摩亚获得了特许权，不久之后，德国的其他公司也在非洲土地上的地区——多哥、喀麦隆以及东非——获得了特许权并从中获益。德国公司的足迹也遍布大洋洲各岛屿，

诗人何塞·马蒂，古巴革命之父

西班牙在 16 世纪—18 世纪曾是世界上最大的殖民强国，但 19 世纪的西班牙却失去了帝国荣光。美国对古巴的兴趣以及何塞·马蒂早先的革命行动最终为古巴带来了独立。但是何塞·马蒂没有能活着看到他的梦想实现：古巴宣告独立的 3 年前，他被西班牙士兵枪杀。

与西蒙·玻利瓦尔和何塞·德·圣马丁一样，何塞·马蒂也是西班牙美洲解放运动的伟大英雄之一。马蒂很早就加入了为古巴独立而战的团体。他17岁时就被判处了6年强制劳动，不过由于身体欠佳，他设法摆脱了强制劳动。后来，马蒂于1871年被流放到了西班牙。在1878年重返古巴的时候，马蒂立即继续开展革命活动，因此，次年他再次被驱逐出境。这一次他来到了纽约，并以作家和记者的身份致力于争取独立的斗争，以及全力组织古巴革命党并尽可能地寻求各方支持，不论这些支持是来自内部还是外部。美国的支持将是决定性的。马蒂于1895年率领一支小队登陆古巴，为新的起义做准备。何塞·马蒂于同年的5月19日在一次伏击中被枪杀。

插图 哈瓦那的何塞·马蒂雕塑。

比如新几内亚就被人们称作“威廉皇帝的领地”。

俾斯麦最终在政策上支持这些非政府行为，并于 1884 年说服德国国会将之前的那些贸易场所转化为殖民地。宰相想把德国变成一个在欧洲殖民竞赛中不可忽视的强大国家。在俾斯麦首相下野时，德国已然拥有了总面积约为 250 万平方千米的殖民地，是德国国土面积的 5 倍。因此，威廉二世在 1895 年说道：“德意志帝国已经成为了世界帝国。”

1897 年，德国强化了其在整个亚洲的统治——前者以两名德国传教士在中国被杀为借口，派兵前往胶州湾租借地，并接管了一些德国商人和银行家的商行。1898 年的美西战争结束后，西班牙将太平洋上的加罗林群岛、马里亚纳群岛（关岛除外）和帕劳出售给了德国。同年，在美国和英国的同意下，德国购买了萨摩亚的大部分地区。

一些欧洲小国也同样处在贸易占主导的时期。比利时国王利奥波德二世于 1876 年在布鲁塞尔举行了一场会议，并邀请世界各地的地理学家和科学家参加，旨在全面展示目前人们所掌握的有关非洲的知识。利奥波德二世在其青年时代就对原始民族有着慈善抱负，他认为文明国家有义务为这些原始民族提供更好的生活条件，通过带来进步以促进其发展。

但随着时间的流逝，他的观点发生了翻天覆地的变化，他最终将殖民地视为个人财富的来源。布鲁塞尔的会议催生了非洲国际协会，该协会在 1879 年—1884 年将探险家亨利·莫顿·斯坦利派往了刚果河的边界地区。斯坦利与当地酋长达成协议的同时也将比利时的影响力扩大到了广袤的非洲腹地。非洲协会在 1885 年成为了刚果自由邦，利奥波德二世就是后者绝对的王。刚果自由邦的本质是一家私人公司的领地，由比利时官员管理，公司的利润最后流入利奥波德二世的口袋。利奥波德二世于 1889 年公布了他的遗嘱，表示在他去世后刚果自由邦归比利时所有。

19 世纪的荷兰成功地保住了帝国自 17 世纪以来获得的大部分殖民地。在拿破仑战争中品尝了失败滋味的（英国人却从中获益）荷兰却仍是东印度的殖民帝国，爪哇、苏门答腊、摩鹿加群岛、婆罗洲和新几内亚的一部分都是荷兰的领地。此外，荷兰在美洲拥有圭亚那和库拉索。这些殖民地为荷兰这个欧洲小国带来了不菲的经济收入以及绝对可观的国际威望。

葡萄牙曾经在非洲有大量飞地，并且还有几内亚（今几内亚比绍）、莫桑比克和安哥拉。最后葡萄牙保留了印度尼西亚帝汶的一部分以及其在印度果阿、达曼和第乌的飞地，还有中国的澳门。

西班牙帝国的陨落

西班牙的君主曾经拥有近代最大殖民帝国，但是拿破仑战争和自由革命推动了西班牙所有美洲殖民地的解放进程，该进程于1824年达到高潮。从那时起，西班牙只能保留加勒比海地区的古巴和波多黎各殖民地，还有太平洋上的菲律宾。古巴已成为西班牙财富的主要来源之一，古巴生产的糖、烟草和咖啡不仅可内销至该国的大都市，并且也出口到其他国家。古巴人渐渐地意识到国家的经济潜力，他们对独立的渴望越发强烈。

1868年爆发了一场持续10年的战争，《赞隆和平条约》(*paix de Zanjon*)的签订为这场战争画上了句号。一场名为“贝尔的呐喊”的战役打响了，叛军的规模之大前所未有。带领这些独立主义者们的杰出领导人有效地领导了运动。其中最为出名的是古巴记者何塞·马蒂，之前他因为参与革命活动不得不被迫流亡美国，并在该地继续引导舆论，希望美国加入他的事业中并出手干预。美国认为，古巴岛从西班牙的统治下解放出来将会对本国有利。门罗总统在19世纪初同意将美洲大陆独立起来，以免受欧洲列强的干涉：“美洲是美国的美洲。”此外，因为古巴也会为美国带来经济利益，并且后者在古巴进行了投资，所以西班牙不得不撤回对古巴殖民地的经济控制。

西班牙绝对无法再给古巴更大的自治权以让独立主义者平静下来，并再用武力制服他们。西班牙方面派遣了一支由瓦莱里亚诺·韦勒尔(Valeriano Weyler)将军率领的军队，后者采用了设置防御工事的策略来分割古巴岛，并用焦土政策来系统性地剿灭叛军。韦勒尔的残酷镇压给他在美国人中赢得了“屠夫”的绰号，并促使麦金莱总统代表反叛分子采取行动。1898年2月，麦金莱总统以维护北美利益为由将“缅因号”战列舰派往哈瓦那湾附近。2月15日，美国的军舰发生爆炸，250余名船员死亡。尽管后来证明该事故与西班牙无关，但美国仍然谴责是西班牙造成了事故。所有的谈判尝试都失败了，美国于4月23日对西班牙宣战。

美西战争不是一场均势力敌的战争，西班牙军队在面对美国军队的时候毫无还手之力——在“昭昭天命”的帝国主义热情的推动下，美国已然跻身世界强国之列。西班牙派遣了一支由海军上将塞尔维拉指挥的舰队，该舰队由老式船只组成。这些老式船只因缺乏燃料，所以不得不在古巴的圣地亚哥湾暂避，美国舰队将西班牙海军围堵在了海湾里。当塞尔维拉收到离开这个捕鼠器的命令时，等待着西班牙舰队的只是一个接一个地被击沉的命运。由于无法再为前方提供援助，西班牙总理普拉克塞德斯·马特奥·萨加斯塔（Praxedes Mateo Sagasta）决定求和。

菲律宾与古巴在同一年获得独立，这也要归功于美国的军

古巴战争

西班牙帝国的最后痕迹，菲律宾和古巴也随着 1898 年《巴黎和约》的签订而消失了。

插图 一群西班牙士兵。摄于1898年，美西战争时期。尽管西班牙早已不是世界大国，但“98 年的灾难”是一次真正的民族冲击，在该国引发了影响深远的道德、政治及社会危机。

海上败北

甲米地海战是一场美国海军和西班牙海军于马尼拉湾展开的一次海上交锋，战争以西班牙的溃败告终。这场战役对美西战争的胜利走向起到了决定性的作用，最终西班牙失去了其在太平洋的殖民地：西班牙将菲律宾和关岛割让给了美国，随着1899年《德西合约》（*Traité hispano-germanique*）的签订，西班牙又将马里亚纳群岛、卡罗来纳州和帕劳出售给了德国。

事干预。由海军上将杜威指挥的一支舰队击溃了由蒙霍托海军上将（L'amiral Montojo）所率领的西班牙舰队。西班牙的两场溃败最终导致了1898年12月10日的《巴黎和约》（*paix de Paris*）的签订，西班牙将之称为“98年的灾难”。根据该条约，西班牙须将菲律宾、关岛以及波多黎各割让给美国，而作为交换，美国则须向西班牙支付2000万美元的赔偿款，最后西班牙必须承认古巴是一个独立国家。自16世纪起便开始建立的庞大殖民帝国，如今几乎一无所有，西班牙的扩张主义野心也仅限于壮大其非洲北部和几内亚的殖民地。

瓜分非洲

为了解决在占领非洲殖民地的过程中产生的冲突，欧洲各国决定参加于1884年举行的柏林会议。一共有14个欧洲国家出席了该会议。这次会议的主要目的是指定有权占领非洲的国家。

一些国家声称自己已经享有对非洲的占有权，其原因是它们已经在该大洲的边界活跃了很久。因此，葡萄牙认为自己完全有权探索非洲的腹地并进行殖民活动。其他国家——如德国和英国——特别指出，占领一个国家的权力取决于对该国的实际统治程度。柏林会议一直持续到1885年2月，一系列国际协议在会议期间被同时记录在案。会议还特别承认了利奥波德二世的刚果自由邦，也承认了刚果和尼日尔河流的自由通航和中非的自由贸易。最重要的是，会议指出对土地的所有权应该基于实际占领的土地。但是这项条款十分模糊，几乎没有任何意义——因为整片非洲大陆没有哪个地方还没有被欧洲实际占领。

归根结底，想要解决因欧洲大国之间的冲突而产生的争议，只能衡量占领国在被占领地区所占的权重以及其在被占领地区的政治力量，而不能只是判断这个国家是否存在于被占领的土地上。会议同样也宣布了废除奴隶制，并确定了土著人民进步和发展的主要路线。每个大国都同意“共享非洲”并且迅速展开行动。19世纪末由柏林会议产生的非洲地图，实际上就是欧洲殖民列强的财富拼图。

“瓜分”问题一经解决，欧洲大国便立即展开行动。在行动过程中，大国一般会奉行两种概念不同的政策：“同化”与“联合”。前者提倡将殖民与大城市融合以消除当地人和殖民者之间的宗教及文化差异，以便最后引入西方的生活方式。这种政策要求必须在殖民地建立强势的政府和行政体系，并由大都市进行管理。这是拉丁国家（比如法国和葡萄牙）使用的策略。至于“联合”，则以本土社会和欧洲社会并行发展为前提，同时保持后者的优势以加强其对殖民地的统治。英国和德国采纳的就是这种体系。欧洲殖民的这番进程归功于探险者们对未知土地的探索以及与不同种族群体的相遇。

1884年柏林会议与瓜分非洲

普法战争结束后，撒哈拉沙漠以南的非洲成了欧洲列强进行对抗的主要战场。为了解决各国间的利益冲突，俾斯麦宰相于1884年召开了一次会议，旨在正式瓜分非洲大陆。

德国人想要巩固自己的新地位，法国人想从普法战争失败的阴影中走出，英国人想为本土产品征服新的市场——无论如何，他们的最终目标都是非洲。传教士和科学家的探索往往会带来殖民化。殖民化的进程如此之快，以至如果说19世纪70年代末的非洲还属于非洲人，那么到了20世纪恐怕这一情形就改变了。欧洲的殖民扩张会导致不可避免的致命冲突。比利时国王利奥波德二世的愿望是在刚果建立一个中非王国并由他统治——这便和英国、法国和葡萄牙的利益产生了冲突。为了通过外交途径解决殖民问题，柏林会议于1884年召开，14个欧洲国家的代表出席了会议。该会议制定了“共享”非洲的标准。会议最大的赢家是法国和英国，尤其后者通过会议得以完成在非洲大陆的铁路工程：英国人最终能够拥有一条连接南非开普敦和埃及开罗的几乎毫无间断的轴线。德国重新获得了纳米比亚、坦桑尼亚和喀麦隆。葡萄牙扩大了其沿海领地，西班牙获得了西撒哈拉和几内亚，而意大利则获得了索马里和利比亚。

在这一时期，吉卜林撰写的有关印度的故事或是诗歌，以及类似于亨利·莱特·哈葛德的《所罗门王的宝藏》(*Les Mines du roi Salomon*)以及约瑟夫·康拉德的《黑暗的心》(*Au cœur des ténèbres*)的故事或是诗歌都大受欢迎。“野蛮人”激起了西方人的好奇心，这种未知的异域的存在必须被驯化，并接受欧洲的扩张主义。土著展览在马戏团、集市甚至是世界博览会中都取得了成功。殖民帝国主义基于白人种族至上的坚定信念。大多数的西方人都认同这一信念，因为它让欧洲各国有理由将其权力强加于非洲或是其他大洲，并且在国际上进一步提高它们的霸权。

附　录

对照年表：欧洲，美洲，亚洲、非洲和大洋洲 216
国家领导人与政要 218

插图（第214页） 皮埃尔–奥古斯特·雷诺阿创作的《煎饼磨坊的舞会》：该画是印象派画家的杰作，也是19世纪后期巴黎佳丽们愉悦生活的见证（收藏于巴黎奥赛博物馆）。

对照年表

欧洲

1815—1830 年

- 拿破仑滑铁卢败北
- 荷兰联合王国成立
- 维也纳会议
- 拿破仑逝世于圣赫勒拿
- 法国 1830 年革命，路易·菲利普一世登基为王
- 比利时独立

文化事件：

- 贝多芬创作《第九交响曲》的第一乐章

1831—1845 年

- 英国第一次选举改革
- 西班牙门第萨瓦尔“折旧充公”运动
- 巴黎共和党人起义
- 英国维多利亚女王开始执政
- 马志尼成立意大利青年党
- 英国宪章运动

文化事件：

- 维克多·雨果发表《巴黎圣母院》

1846—1860 年

- 欧洲 1848 年革命
- 法兰西第二共和国成立
- 伦敦第一届世界博览会
- 路易-拿破仑建立法兰西第二帝国
- 俄罗斯亚历山大二世开始执政

文化事件：

- 达尔文发表《物种起源》
- 马克思与恩格斯发表《共产党宣言》

美洲

1815—1830 年

- 图库曼议会与阿根廷独立
- 玻利瓦尔成立哥伦比亚共和国
- 西班牙将佛罗里达州割让于美国
- 阿亚库乔战役
- 玻利维亚和乌拉圭独立
- 巴拿马会议
- “解放者”西蒙·玻利瓦尔逝世

1831—1845 年

- 英国占领福克兰群岛
- 墨西哥桑塔·安纳开始独裁
- 巴西皇帝佩德罗二世开始执政

文化事件：

- 塞缪尔·莫尔斯发明电报

1846—1860 年

- 墨西哥与美国开战
- 加利福尼亚发现金矿
- 美国国会承认加利福尼亚是联邦的一个州
- 大洋际铁路在巴拿马完工
- 墨西哥联邦宪法与委内瑞拉联邦宪法

亚洲、非洲和大洋洲

1815—1830 年

非洲：

- 法国占领阿尔及尔
- 荷兰国王将开普敦割让于英国
- 埃及征服努比亚
- 美国奴隶殖民地的建立，也就是未来的利比亚

大洋洲：

- 殖民者在西澳大利亚州定居

1831—1845 年

亚洲：

- 中国第一次鸦片战争爆发

非洲：

- 突尼斯与埃及开战
- 荷兰裔殖民“牛车大迁徙”

大洋洲：

- 英国人与波利尼西亚人签订《怀唐伊条约》
- 墨尔本市建立

1846—1860 年

亚洲：

- 佩里准将打破日本的锁国状态
- 太平天国运动。第二次鸦片战争爆发

非洲：

- 苏伊士运河开始开凿

大洋洲：

- 澳大利亚维多利亚州独立
- 澳大利亚淘金潮

1861—1875 年

- 加里波第在意大利北部领导“千人队”
- 意大利王国宣布成立
- 俾斯麦被任命为普鲁士首相兼外交大臣
- 第一国际成立
- 西班牙第一共和国成立
- 普法战争爆发，法国败于色当

文化事件：

- 庇护九世发表《谬说要录》

1876—1890 年

- 俄土战争爆发
- 维多利亚女王加冕为印度女皇
- 亚历山大二世遇刺，亚历山大三世即位
- 柏林会议召开以瓜分非洲
- 德国威廉二世加冕
- 俾斯麦下野

文化事件：

- 第戈特利布·戴姆勒发明发动机

1891—1900 年

- 英国下院通过《自治法》
- 法国德雷福斯事件
- 尼古拉二世登基
- 西班牙失去古巴、波多黎各以及菲律宾

文化事件：

- 伽利尔摩·马可尼发明无线电报

1861—1875 年

- 美国内战爆发
- 美国远征墨西哥、法国、西班牙和英国
- 古巴十年战争爆发
- 美国从俄罗斯手中收购阿拉斯加
- 连接美国东海岸与西海岸的铁路铺设完成

1876—1890 年

- 卡斯特将军战死于小大角
- 古巴《赞隆和平条约》签订
- 巴西废除奴隶制
- 芝加哥罢工为争取八小时工作制

文化事件：

- 爱迪生发明留声机及白炽灯
- 纽约自由女神像落成

1891—1900 年

- 美西战争爆发，古巴和菲律宾参战
- 美国吞并夏威夷
- 德国收购西班牙在太平洋的马里亚纳群岛和帕劳

文化事件：

- 芝加哥世界博览会

1861—1875 年

亚洲：

- 日本废除封建君主制
- 朝鲜与日本签订贸易条约
- 日本东京至横滨的铁路线开通

非洲：

- 苏伊士运河完工
- 利文斯通和斯坦利在坦噶尼喀湖相遇

1876—1890 年

大洋洲：

- 日本西南战争爆发
- 日本推行义务教育

非洲：

- 刚果自由邦建立并由比利时国王利奥德二世统治
- 第一次布尔战争爆发

1891—1900 年

亚洲：

- 第一次中日战争爆发，日本取得胜利
- 日本和俄罗斯签订条约，双方按条约瓜分朝鲜

非洲：

- 法国与英国间的冲突在苏丹引发了“法绍达事件”
- 第二次布尔战争爆发

国家领导人与政要

英国

君主

乔治三世（George III） 1801—1820
乔治四世（George IV） 1820—1830
威廉四世（Guillaume IV） 1830—1837
维多利亚（Victoria） 1837—1901

首相

罗伯特·班克斯·詹金逊（Robert Banks Jenkinson） 1812—1827
乔治·坎宁（George Canning） 1827
费德里克·约翰·罗宾逊（Frederick John Robinson） 1827—1828
阿瑟·韦尔斯利（Arthur Wellesley） 1828—1830
查尔斯·格雷（Charles Grey） 1830—1834
威廉·兰姆（William Lamb） 1834（7—11月）
阿瑟·韦尔斯利（Arthur Wellesley） 1834（11—12月）
罗伯特·皮尔（Robert Peel） 1834—1835
威廉·兰姆（William Lamb） 1835—1841
罗伯特·皮尔（Robert Peel） 1841—1846
约翰·罗素（John Russell） 1846—1852
爱德华·史密斯·斯坦利（Edward Smith Stanley） 1852（2—12月）
乔治·汉密尔顿-戈登（George Hamilton-Gordon） 1852—1855
亨利·约翰·坦普尔（Henry John Temple） 1855—1858
爱德华·史密斯·斯坦利（Edward Smith Stanley） 1858—1859
亨利·约翰·坦普尔（Henry John Temple） 1859—1865
约翰·罗素（John Russell） 1865—1866
爱德华·史密斯·斯坦利（Edward Smith Stanley） 1866—1868
本杰明·迪斯雷利（Benjamin Disraeli） 1868（2—12月）
威廉·尤尔特·格莱斯顿（William Ewart Gladstone） 1868—1874
本杰明·迪斯雷利（Benjamin Disraeli） 1874—1880
威廉·尤尔特·格莱斯顿（William Ewart Gladstone） 1880—1885
罗伯特·盖斯科因-西塞尔（Robert Gascoyne-Cecil） 1885—1886
威廉·尤尔特·格莱斯顿（William Ewart Gladstone） 1886（2—7月）
罗伯特·盖斯科因-西塞尔（Robert Gascoyne-Cecil） 1886—1892
威廉·尤尔特·格莱斯顿（William Ewart Gladstone） 1892—1894
阿奇博尔德·普里姆罗斯（Archibald Primrose） 1894—1895

法国

君主

路易十八（Louis XVIII） 1814—1824
查理十世（Charles X） 1824—1830
路易·菲利普一世（Louis Philippe d'Orléans） 1830—1848
拿破仑三世（Napoléon III）（第一任法国总统） 1848—1852
拿破仑三世（Napoléon III）（法兰西皇帝） 1852—1870

共和国总统

阿道夫·梯也尔（Adolphe Thiers） 1871—1873
帕特里斯·麦克马洪（Patrice de Mac-Mahon） 1873—1879
佛朗索瓦·保罗·儒勒·格雷维（Francois Paul Jules Grévy） 1879—1887
马利·弗朗索瓦·萨迪·卡诺（Marie François Sadi Carnot） 1887—1894
让·保罗·皮埃尔·卡西米尔·佩里埃（Jean Paul Pierre Casimir Perier） 1894—1895
菲利·福尔（Félix Faure） 1895—1899

比利时

伊拉斯姆·路易·苏莱特·德·乔克（Érasme Louis Surlet de Chokier）（摄政） 1831（2—7月）
利奥波德一世（Léopold Ier） 1831—1865
利奥波德二世（Léopold II） 1865—1909

西班牙

君主、摄政王及共和国总理

斐迪南七世（Ferdinand VII） 1813—1833
两西西里的玛丽·克里斯汀（Marie Christine de Bourbon-Sicile）（摄政） 1833—1840
巴尔多梅罗·埃斯帕特罗（Baldomero Espartero）（摄政） 1840—1843
伊莎贝拉二世（Isabel II） 1843—1868
弗朗西斯科·塞拉诺（Francisco Serrano）（摄政） 1869—1871
阿米迪一世（Amédée Ier） 1871—1873
埃斯塔尼斯劳·菲格拉斯·莫拉加斯（Estanislao Figueras y Moragas）（共和国总理） 1873
弗朗西斯科·皮·马加尔（Francesc Pi y Margal）（共和国总理）1873
尼古拉斯·萨尔梅隆·阿隆索（Nicolás Salmerón y Alonso）（共和国总理） 1873
埃米利奥·卡斯特拉尔·里波尔（Emilio Castelar y Rippol） 1873—1874
弗朗西斯科·塞拉诺·多明格斯（Francisco Serrano Doninguez Cuenaa） 1874
阿方索十二世（Alphonse XII） 1874—1885
哈布斯堡的玛丽·克里斯汀（Marie Christine de Habsbourg）（摄政） 1885—1902

葡萄牙

玛丽一世（Mary Ier） 1777—1816
若昂六世（Joon VI） 1816—1826
佩德罗四世（Pedro IV） 1826（3—5月）
玛丽二世（Mary II） 1826—1828
米格尔一世（Michel I[er]） 1828—1834
玛丽二世（Mary II） 1834—1853
佩德罗五世（Pierre V） 1853—1861
路易斯一世（Louis Ier） 1861—1889
卡洛斯一世（Charles Ier） 1889—1908

皮埃蒙特-萨丁尼亚王国

卡洛·阿尔贝托（Charles Albert） 1831—1849
维托里奥·艾曼努尔二世（Victor Emmanuel II）（萨丁尼亚王国） 1849—1861

意大利

维托里奥·艾曼努尔二世（Victor Emmanuel II） 1861—1878
翁贝托一世（Humbert Ier） 1878—1900

普鲁士

君主

腓特烈·威廉三世（Frédéric Guillaume III） 1797—1840
腓特烈·威廉四世（Frédéric Guillaume IV） 1840—1861
威廉一世（Guillaume Ier） 1861—1888（德意志）
腓特烈三世（Frédéric III） 1888（德意志）
威廉二世（Guillaume II） 1888—1918（德意志）

总理

奥托·冯·俾斯麦（Ottovon Bismarck） 1871—1890
列奥·冯·卡普里维（Georg Leovon Caprivi） 1890—1894
克洛德维希·霍恩洛厄-希灵斯菲斯特（Clovisde Hohenlohe-Schillingsfürst） 1894—1900

瑞典

古斯塔夫四世·阿道夫（Gustave IV Adolphe） 1792—1809
卡尔十三世（Charles XII） 1809—1818
卡尔十四世·约翰（Charles XIV Jean） 1818—1844
奥斯卡一世（Oscar Ier） 1844—1859
卡尔十五世（Charles XV） 1859—1872
奥斯卡二世（Oscar II） 1872—1907

丹麦

克里斯蒂安七世（Christian VII） 1766—1808
弗雷德里克六世（Frédéric VI） 1808—1839
克里斯蒂安八世（Christian VIII） 1839—1848
弗雷德里克七世（Frédéric VII） 1848—1863
克里斯蒂安九世（Christian IX） 1863—1906

俄罗斯

亚历山大一世（Alexandre Ier） 1801—1825
尼古拉一世（Nicolas Ier） 1825—1855
亚历山大二世（Alexandre II） 1855—1881
亚历山大三世（Alexandre III） 1881—1894
尼古拉二世（Nicolas II） 1894—1917

奥匈帝国

弗兰茨一世（François Ier） 1804—1835
斐迪南一世（Ferdinand Ier） 1835—1848
弗兰茨·约瑟夫一世（François Joseph Ier） 1848—1916

美国

总统

托马斯·杰斐逊（Thomas Jefferson） 1801—1809
詹姆斯·麦迪逊（James Madison） 1809—1817
詹姆斯·门罗（James Monroe） 1817—1825
约翰·昆西·亚当斯（John Quincy Adams） 1825—1829
安德鲁·杰克逊（Andrew Jackson） 1829—1837
马丁·范布伦（Martinvan Buren） 1837—1841
威廉·亨利·哈里森（William Henry Harrison） 1841
约翰·泰勒（John Tyler） 1841—1845
詹姆斯·诺克斯·波尔克（James Knox Polk） 1845—1849
扎卡里·泰勒（Zachary Taylor） 1849—1850
米勒德·菲尔莫尔（MillardFillmore） 1850—1853
富兰克林·皮尔斯（Franklin Pierce） 1853—1857
詹姆斯·布坎南（James Buchanan） 1857—1861
亚伯拉罕·林肯（Abraham Lincoln） 1861—1865
安德鲁·约翰逊（Andrew Johnson） 1865—1869
尤利西斯·格兰特（Ulysses Grant） 1869—1877
拉瑟福德·B.海斯（Rutherford B. Hayes） 1877—1881
詹姆斯·A.加菲尔德（JamesA. Garfield） 1881
切斯特·A.阿瑟（Chester A. Arthur） 1881—1885
格罗弗·格里夫兰（Grover Cleveland） 1885—1889
本杰明·哈里森（Benjamin Harrison） 1889—1893
格罗弗·克里夫兰（Grover Cleveland） 1893—1897
威廉·麦金莱（William McKinley） 1897—1901

奥斯曼帝国

塞利姆三世（Sélim III） 1789—1807
穆斯塔法四世（Mustapha IV） 1807—1808
马哈茂德二世（Mahmoud II） 1808—1839
阿卜杜勒-迈吉德一世（Abdülmecit Ier） 1839—1861
阿卜杜勒-阿齐兹一世（Abdülaziz Ier） 1861—1876
穆拉德五世（Mourad V） 1876（5—8月）
阿卜杜勒-米哈德二世（Abdülhamid II） 1876—1909

图书在版编目（CIP）数据

19世纪的世界 / 美国国家地理学会编著；李恋晨译-- 北京：现代出版社，2020.8
（美国国家地理全球史）
ISBN 978-7-5143-8418-5

Ⅰ.①1… Ⅱ.①美… ②李… Ⅲ.①世界史－19世纪 Ⅳ.①K14

中国版本图书馆CIP数据核字（2020）第048805号

版权登记号：01-2020-2645

由北京久久梦城文化发展有限公司代理引进

19世纪的世界（美国国家地理全球史）

编 著 者：美国国家地理学会
译　　者：李恋晨
策划编辑：吴良柱
责任编辑：张　霆　袁子茵
内文排版：北京锦创佳业文化传播有限公司
出版发行：现代出版社
通信地址：北京市安定门外安华里504 号
邮政编码：100011
电　　话：010-64267325　64245264（兼传真）
网　　址：www.1980xd.com
电子邮箱：xiandai@vip.sina.com
印　　刷：北京瑞禾彩色印刷有限公司

开　　本：710mm*1000mm 1/16
印　　张：14　　字　　数：204千
版　　次：2020年8月第1版　　印　　次：2020年8月第1次印刷
书　　号：ISBN 978-7-5143-8418-5
定　　价：68.00元